4° G
1322

AF463035

2 FR. 50

Frédéric KOPP

Pour L'HEURE QUI VA LUIRE

PARIS

LIBRAIRIE FISCHBACHER

33, Rue de Seine, 33

LETTRE AU LECTEUR

Depuis que ce livre a été écrit, de grands événements sont survenus, dont le moins que l'on puisse en dire est qu'ils hâtent la paix. Il y a donc urgence à ce que le problème de notre frontière au Rhin soit posé devant le public ; il ne faut point attendre, pour le faire, que l'irréparable soit consommé !

L'extension territoriale que notre pays réalisera doit profondément réagir sur notre vie nationale..... Tous les problèmes sociaux que nous entrevoyons pour l'après-guerre ont leurs solutions liées au problème de notre frontière. La plupart d'entre eux : **Industrie, Force, Population, Richesse**, etc., continueraient à nous apparaître plus ou moins insolubles si nous ne rejetions pas totalement les Allemands outre-Rhin.

Je ne peux songer à développer ces idées dans une lettre : il y faudrait un livre ; mais, à titre d'exemple effleurant les questions industrielles, je puis dire ici quelques mots du charbon.

Peut-on refuser l'idée qu'un jour viendra où certaines nations possédant des charbonnages s'en réserveront la jouissance ?

Peut-on nier le danger que fait courir à la France sa dépendance grandissante vis-à-vis des houillères étrangères ?

Eh bien ! une paix qui nous apporterait uniquement l'Alsace-Lorraine nous apporterait ces fatales perspectives ! Ce serait une paix qui aggraverait subitement notre déficit charbonnier d'environ 59 %.

Je trouve dans les diverses publications de la Chambre de commerce de Nancy les chiffres suivants que je livre aux méditations de mes lecteurs.

Les « manquants d'extraction » de combustibles en France ont été approximativement de :

1,000,000	de tonnes de	1831 à 1835.
2,000,000	—	1841 à 1845
3,500,000	—	1851 à 1855.
6,000,000	—	1861 à 1865.
7,000,000	—	1871 à 1875.
10,000,000	—	1881 à 1885.
10,500,000	—	1891 à 1895.
13,500,000	—	1901 à 1905.
19,500,000	—	1911 à 1913.

A ce dernier tonnage viendrait donc s'ajouter brusquement toute la consommation charbonnière de l'Alsace-Lorraine, soit 11,500,000 tonnes environ.

En sorte, qu'en supplément d'une extraction de 40 millions de tonnes de charbon, nous devrions en acheter 31 millions à l'étranger !

Et l'on voudrait que la France devienne industrielle dans ces conditions-là !

Ne cherchez pas — je ne dis point la cause unique — mais la cause primordiale de la prédominance industrielle d'un pays ailleurs que dans sa supériorité charbonnière.

Et puis, où se ferait sentir chez nous, avec le plus d'intensité, le besoin de combustibles ?

Ce serait précisément dans nos anciennes et nouvelles provinces de l'Est ! Et comme les questions du transport des houilles jouent dans l'alimentation des usines un rôle prépondérant, ce seraient les charbons allemands qui, plus que par le passé, s'imposeraient à nous.

Plus qu'autrefois, nous serions sous la sujétion économique de notre ennemie !

Pour parer à cette situation dangereuse, nous devrions donc nous emparer de tous les bassins houillers de la rive gauche du Rhin ; mais, comme ceux qui se trouvent en Prusse rhénane ressortent géographiquement des zones d'annexions belges, nous devrons songer à faire de l'Etat tampon, à créer sur la rive droite du Rhin, notre pourvoyeur de combustibles.

Ce territoire neutralisé devra, par suite, être conçu de façon à contenir les charbonnages suffisants à nous mettre à l'abri des disettes houillères.

Les diplomates auxquels incombera le soin de le délimiter trouveront très facilement en Westphalie les districts carbonifères qui lui permettront de pourvoir à nos besoins en charbons.

Le peuple français a voix sur tout ce qui le concerne !

Si vous pensiez qu'il y ait utilité à ce qu'il puisse dès maintenant méditer sur ce qu'il exigera de ses adversaires vaincus, répandez ce livre, faites-le acheter par vos amis, vous ferez ainsi acte de prévoyance patriotique.

Septembre 1916.

Frédéric KOPP.

« POUR L'HEURE QUI VA LUIRE »

POUR L'HEURE

QUI VA LUIRE

A MON PÈRE,

l'Alsacien Théodore Kopp
qui a vécu pour la France
et qui serait mort pour Elle
si Elle le lui avait demandé,
je dédie ces pages qu'il aurait aimées.

Avril 1916.

FRÉDÉRIC KOPP

POUR L'HEURE

QUI VA

LUIRE

PARIS

LIBRAIRIE FISCHBACHER

33, Rue de Seine, 33

—

1916

POUR L'HEURE QUI VA LUIRE

CHAPITRE PREMIER

Dans l'existence de chaque individu, comme dans celle de chaque nation, il y a toujours une heure redoutable dont dépend sa destinée.

Si, à cet instant critique, le geste opportun n'est pas fait dans toute sa plénitude, le cours de la vie est dévié. Les évènements s'écoulent ensuite, enchaînés logiquement les uns aux autres, et entraînent loin de son but celui qui n'a pas accompli, au moment voulu, l'acte que son avenir exigeait. Bientôt sonnera pour nous cette heure décisive.

Une Europe nouvelle va naître. Qu'allons-nous faire ?

Nous ne saurions nous contenter de la demeure mal close que nous habitions et dont l'étranger, quatre fois en un siècle, a forcé la porte pour faire irruption en notre foyer !

Nous voulons édifier, d'une façon indestructible, le Palais de nos rêves. Ne doit-il pas protéger nos richesses et nos occupations dans une sécurité indéfinie ? Ne doit-il pas être l'abri tutélaire qui nous permettra de remplir la mission civilisatrice à laquelle nos facultés d'initiateurs nous prédisposent ?

Du chaos des fondations anciennes la France doit surgir dans sa structure définitive.

Ne commettons donc pas l'irréparable faute de demander moins que ce qui lui est nécessaire pour devenir inviolable.

Quelles seront les clauses du traité de paix qui viendra mettre fin au conflit actuel, sans égal dans l'histoire.

L'immensité des désastres accumulés justifiera l'ampleur des décisions à prendre. Hélas, les morts ne reviendront pas, les cathédrales écroulées ne ressusciteront pas, les yeux qui ont pleuré ne souriront plus, mais nous tirerons néanmoins des destructeurs les moyens de faire renaître notre splendeur qu'ils pensaient avoir anéantie.

Ne faudra-t-il pas que nos intérêts coloniaux, industriels et commerciaux que l'ennemi visait particulièrement puissent trouver dans cette guerre même l'élan qui leur permettra les plus hautes prospérités ?

Mais quelle que soit l'importance des questions économiques on peut en modérer les exigences, on peut en concevoir des modalités diverses ; aucune solution ne se présente sous une forme si impérative qu'on ne puisse en trouver une autre.

Il en est tout autrement de la question du territoire ; elle est une et indivisible ; elle se revêt d'un intérêt primordial, car d'elle dépend la capacité de résistance future de notre pays. Il ne faut pas qu'il puisse connaître à nouveau les dols, les chantages, les agressions dont il a tant souffert.

Il faut qu'il soit dorénavant assez fort pour pouvoir écouter dans une paisible indifférence le cliquetis d'armes que, sans répit, depuis Attila, l'Allemagne ne cesse de faire retentir !

Il faut réaliser la France normale, celle dont la défense sera facile, dont la superficie sera suffisante, dont les frontières seront naturelles ; et cette triple condition amène notre pays à revendiquer comme limites minima la Moselle et le Rhin jusqu'à leur confluent même, jusqu'à Coblentz.

*
* *

La France, à la rigueur, pourrait borner à cela ses revendications territoriales européennes, mais sous une réserve cependant, sous la réserve impérieuse que la Belgique s'étendrait symétriquement, elle aussi, jusqu'aux mêmes cours d'eau.

Il est indispensable, en effet, que notre voisine fasse sienne cette

formule d'agrandissement, autrement de notre côté nous ne pourrions plus nous en contenter ! La France comprendrait donc : l'Alsace-Lorraine, le Palatinat rhénan, la Hesse rhénane, la Principauté de Birkenfeld, une partie des Principautés de Coblence et de Trèves, toute cette région dont Napoléon disait : que « par un « décret de Dieu, elle devrait être « nôtre. »

De l'Alsace et de la Lorraine, je ne dirai rien. Elles s'étaient réfugiées dans le cœur et sous les yeux de tous les Français. Pas un d'entre nous qui ne les connaisse aussi bien que sa propre province ; pas un d'entre nous qui, à l'heure actuelle, puisse concevoir une solution qui ne les réunirait pas intégralement à la mère-patrie. *(Note A, page 43)*.

Je me contenterai donc de parler des autres départements rhénans que j'engloberai, pour la commodité de la discussion, dans le terme générique de Provinces d'entre Moselle et Rhin.

Tout cet ensemble prolonge l'Alsace de façon fort suggestive. L'Alsace comporte une grande plaine, bordée à l'Est par le Rhin, à l'Ouest par les Vosges.

Les Vosges, très élevées dans leur partie méridionale (ballon de Guebwiller, 1.426 m.), diminuent insensiblement leur relief en se prolongeant vers le Nord. Au col de Saverne, elles n'ont que 350 m. d'altitude. Elles se relèvent ensuite en arrivant dans le Palatinat, et là s'y épanouissent en de hauts plateaux, qui sont les massifs de la Hardt et du Hunsrück. Sous l'emprise de ce massif montagneux qui la domine, la plaine se rétrécit et se borne à devenir une vallée étroite sur la rive gauche du Rhin.

Au Nord de Mayence, la montagne se rapproche encore davantage du fleuve qu'elle serre étroitement, et la vallée s'étrangle en un grandiose défilé.

Puis, vers Coblence, le Rhin reçoit la Moselle qui, après Trèves, coule aussi dans des gorges sauvages et abruptes, au pied même du Hunsrück.

Tel est l'aspect général de cette province d'entre Moselle et Rhin, dont l'intérêt stratégique est immense et dont la valeur économique est considérable.

Le massif de la Hardt se dresse comme un bastion sur l'Alsace et sur le Rhin, alors qu'il s'abaisse lentement vers la Lorraine. Il présente une dépression centrale vers Kaiserslautern, qui est devenu, de ce fait, le nœud des routes sillonnant le Palatinat.

Deux rivières, la Quiche et la Nahe, conduisent les eaux du massif dans le Rhin, mais leurs vallées tourmentées pourraient difficilement servir de chemins aux invasions. Une troisième rivière plus importante, la Sarre, grossit la Moselle, coule parallèlement au Rhin, du Sud au Nord, et délimite la Hardt à l'Ouest.

La Quiche, qui coule de l'Occident vers l'Orient, a prêté souvent aux armées allemandes son étroit couloir, que Louis XIV avait barré par la forteresse de Landau, dont les remparts sont signés de Vauban.

La vallée de la Nahe, orientée elle aussi de l'Ouest à l'Est, forme dans sa partie supérieure la principauté de Birkenfeld, célèbre par le polissage des pierres précieuses, et sépare dans sa partie inférieure la Hardt du Massif du Hunsrück, plus élevé.

La Hardt ne dépasse guère trois cent cinquante mètres d'altitude moyenne; le Mont Tonnerre, qui en est distinct, mais qui semble en être le point culminant, atteint six cent quatre-vingt-sept mètres de hauteur.

Le Hunsrück a six cents mètres d'altitude moyenne et son sommet principal, l'Erbeskopf, s'élève à huit cent dix-huit mètres

Les plateaux de la Hardt et du Hunsrück sont assez arides. Les vallées donnent les célèbres vins du Rhin : elles sont toutes encaissées ; les bords en sont abrupts et les villes ont dû se réfugier dans les plaines. Ce sont, sur la Sarre, les villes de Sarrebruck, de Sarrelouis, patrie du maréchal Ney..... Deux Ponts, que l'on nommait autrefois « Le Petit Paris ». C'est sur la Moselle, Trèves, l'épiscopale du diocèse des Gaules sous Constantin. Ce sont, sur le Rhin, les villes fortifiées de

Germersheim, Mayence et Coblence, les villes ouvertes de Spire, Worms, Ludwigshafen et Boppart, toutes d'origine romaine, que les Césars avaient édifiées sur les rives du grand fleuve et qui n'ont cessé de s'y agrandir.

Le long ruban des cités rhénanes formait le boulevard de la Gaule en lisière de la Germanie. Elles étaient les sentinelles avancées de la civilisation, face à l'Orient, d'où surgissaient les Barbares.

Les voies ferrées qui courent latéralement au Rhin, le Rhin lui même, sur lequel la navigation a pris une ampleur extrême, ont fait naitre sur ses bords des industries nombreuses, parmi lesquelles la fabrication des produits chimiques occupe une grande place.

Et, pour clore cet aperçu général des provinces d'entre Moselle et Rhin, j'ajouterai que leurs surfaces sont celles du tableau ci-dessous :

Partie ouest de la principauté de Coblence	2.416 km.²
Partie sud de la principauté de Trèves	4.234
Palatinat Rhénan	5.928
Hesse Rhénane	1.373
Principauté de Birkenfeld	503

soit un total de 14.454 kilomètres carrés, c'est-à-dire les 2,69 % de la surface de la France comptée à 536.000 kilomètres carrés.

La population totale actuelle est d'environ 2.255.000 habitants, c'est-à-dire le 5,63 % de celle de notre pays évaluée à 40 millions d'habitants.

Telles sont les caractéristiques de ces provinces mosellanes et rhénanes, qui sont un des enjeux de la guerre actuelle. (*Note B, page 44*).

TRÈVES Porte Romaine

*
* *

Une guerre mondiale comme celle qui se déroule ne peut pas se clore autrement que par une paix mondiale qui, pour être indéfinie, devra s'appuyer sur la mutilation de l'Allemagne, de l'Autriche, de la Turquie et de la Bulgarie, cet assemblage hétérogène d'un rapace, d'un arlequin, d'un pourri et d'un félon.

Une paix qui laisserait l'Allemagne intacte serait la pire des folies, et une paix qui ne ferait que la blesser ne serait qu'une trêve précaire et dangereuse.

Nous verrions alors refleurir immédiatement l'ère des paix armées. Pour qu'il n'en fût pas ainsi, il faudrait changer non seulement l'organisation de l'Allemagne, mais aussi la race. Or, comment se sont révélées les races allemandes depuis qu'elles se sont soudées? Elles se sont révélées insatiables dans leurs désirs d'hégémonie et ont constitué un obstacle perpétuel à la paix de l'Europe.

Au fur et à mesure que la puissance allemande s'affermissait par le fruit de ses guerres heureuses de 1864-66-70, la France sentait de plus en plus s'étendre au-dessus d'elle la menace d'un anéantissement.

La dernière guerre de 1870 avait donné aux Allemands la suprématie européenne. Quarante quatre ans de paix armée leur avaient permis en outre de se forger des armures souveraines et, sous cette protection formidable, ils développaient leur industrie et leur commerce à pas de géants et conquéraient tous les marchés. Ils se considéraient comme invincibles, au triple point de vue militaire, industriel et commercial. Automatiquement, de plus en plus forts par l'extension incessante de leur natalité et de leur puissance, ils auraient pu continuer pacifiquement leur progression vers une dictature de moins en moins contestée. Il leur suffisait de faire parade de leurs forces, ils pouvaient se dispenser d'en faire l'emploi. L'Allemagne faisait penser au fleuve puissant que nul n'était susceptible d'endiguer et dont on ne pouvait plus barrer le cours. Pourquoi rêvait-elle alors d'une nouvelle ruée sur les pays voisins? Pourquoi sa rapacité affichait-elle avec cynisme ses appétits territoriaux?

Pendant près d'un demi-siècle, l'occasion lui fut souvent offerte de prouver qu'une paix loyale et digne était possible entre elle et nous; mais tout au contraire, pendant ces années pesantes, elle n'a jamais manqué, par la voix autorisée de ses hommes d'Etat ou par les gestes théâtraux de son Kaiser, de nous montrer la reprise de la guerre comme inévitable.

Les actes hostiles éclataient à l'improviste, comme des coups de tonnerre dans les jours calmes de l'été, et le monde entier considérait avec angoisse ces symptômes révélateurs de désirs belliqueux que les plus grands triomphes n'avaient pu assouvir.

Et pendant que notre pays s'accrochait désespérément aux moindres chances de paix, l'Allemagne amplifiait ses visées, agrandissait ses convoitises, et brusquement, en coup de foudre, tentait de les réaliser.

Cette mentalité est celle du peuple allemand ; c'est une réalité que nous nous devons à nous-mêmes de ne pas ignorer, aucun traité n'étant susceptible de modifier l'état atavique de la race.

Certes, l'Allemagne ne nous redoutait pas comme envahisseurs ! Les dures épreuves que nous avait imposées la guerre de 1870, le paiement d'un impôt de guerre de cinq milliards, l'arrachement, du sein de leur mère patrie, de deux de nos plus riches provinces, l'autorisaient à croire qu'elle nous avait atrophiés pour toujours. Respirant plus librement que nous, elle semblait prendre à nos dépens la sève de vie qui l'emplissait.

Le peuple français, meurtri et amputé, déployait cependant une énergie surhumaine à ne pas accepter de déchoir et, par des prodiges d'énergie, parvenait à reprendre la place qu'il avait dû un moment abandonner.

Toutefois, il se demandait avec anxiété quelles terribles perspectives recélait l'écart sans cesse grandissant entre son pénible développement et la rapide ascension de ses voisins, et il dépensait des trésors d'abnégation pour pallier l'infériorité sans cesse accrue dont il s'alarmait à bon droit. Que serait-il devenu, s'il avait accepté, en 1871, la déchéance qu'escomptait le vainqueur et s'il s'était rangé derrière lui ? L'Autriche-Hongrie l'a fait, et elle en meurt aujourd'hui : non pas de la mort héroïque, semeuse de résurrections futures, mais d'une mort d'esclave ! Ne meurent parmi les peuples que ceux qui s'abandonnent ; pour les autres, la vie couve sous la cendre, et dans une crise heureuse d'enthousiasme, ils ressuscitent un jour *(Note C, page 44)*.

Mais la France faisait plus ; elle n'abdiquait pas, et l'Allemagne, qui ne concevait pas la paix sans notre servilité, ne nous le pardonnait pas.

Toute une génération a vécu sous le cauchemar d'une attaque brusquée de la Germanie, attaque qui s'est déclanchée dans les conditions d'opportunité attendues, après une préparation machiavélique, inouïe de prévoyances insoupçonnées. Et pendant que se tramait le crime, pendant que ce puissant voisin, dont la population dépassait la nôtre d'un tiers, s'organisait pour nous assassiner, nous autres, férus de pacifisme, nous énervions nos facultés de résistance par des discussions byzantines sur la plus ou moins grande opportunité de nos dispositifs militaires.

Oui, l'Allemagne connaîtra malgré elle les bienfaits et les charmes des paix longues et fécondes, mais il faudra la réduire pour cela au point que toute idée de revanche lui apparaisse impossible.

L'Allemagne cessera d'être agressive lorsqu'elle n'aura plus la force de l'être, lorsque son esprit dominateur ne pourra plus s'appuyer sur une puissance suffisante.

Nous sommes voués aux rancunes allemandes, elles sont inéluctables ; le *statu quo* même ne nous en préserverait pas. Prenons-en résolument notre parti et enlevons à notre vorace voisin toute possibilité de se laisser aller à cet appétit pantagruélique qui a failli nous être fatal.

Pourrons-nous oublier jamais que, sans la victoire de la Marne, c'était, en exécution d'un chantage diabolique, Paris saccagé par échelons, rasé successivement, quartier par quartier, jusqu'à ce que nous fussions acculés à l'acceptation totale des clauses draconniennes du traité qu'avait rêvé de nous imposer l'adversaire ! Et quel traité ! Nos plus riches départements, nos colonies les plus prospères devenant allemands, et ce qui serait resté de notre malheureux pays, condamné à une servitude totale, scellée de traités de commerce léonins ! Torture plus douloureuse encore : nous aurions connu la honte des vassalités militaires qui nous auraient traînés jusqu'à des guerres contre nos alliés d'aujourd'hui. *(Note D, page 45).*

C'était à cet avilissement que l'Allemagne voulait nous contraindre. L'aberration de ses hommes d'Etat lui ayant fait croire que l'heure était venue pour elle de se livrer aux attentats rémunérateurs, ses armements formidables lui garantissant l'impunité, elle se hâta d'accomplir en août 1914 les actes décisifs.

***

L'Allemagne n'hésita pas à se déclarer parjure en attaquant, sans autre raison que son intérêt, ceux-là mêmes qu'elle s'était engagée à défendre. *(Note E, page 48).*

La Belgique, coupable seulement d'exécuter le traité de neutralité que l'Allemagne elle-même avait signé, voit ses monuments détruits, ses habitants massacrés. Elle voit, avec une indicible horreur, les Allemands faire marcher en écran, devant eux, des soldats prisonniers, des femmes et des enfants dont ils se servent comme de tragiques boucliers humains. Elle voit des équipes de pétroleurs incendier ses plus belles villes ! Puis, faisant irruption, par la frontière belge vainement neutralisée, les barbares envahissent déloyalement la France, s'étalent sur nos riches provinces du Nord, souillent de mille infamies les régions qu'ils traversent. Un rut de folie parcourt les

Reims 1914

rangs des hordes germaniques. C'est un sadisme éperdu ! La luxure dans le sang, femmes que l'on tue, adolescents que l'on émascule, bambins que l'on fusille pour des gestes enfantins. Le massacre est érigé en doctrine, parce qu'il faut terroriser les habitants, obtenir d'eux par un effroi intense, une attitude docile. Les populations sont razziées, emmenées captives en Allemagne, pour y servir d'esclaves. C'est encore la destruction systématique de tout ce qui était la gloire et la beauté des provinces envahies ; c'est l'église d'Albert éventrée, ce sont les villes de Lorraine réduites en cendres, c'est la basilique de Reims vouée à un effondrement complet, etc...

Le monde entier frémit de colère devant ces pertes artistiques qui l'appauvrissent, mais l'Allemagne poursuit froidement son œuvre destructive ! Ne faut il pas abolir ce témoignage de ce que peut la pensée française ?

Le style, c'est l'homme : l'architecture, c'est la race !

Les monuments traduisent, dans la langue des pierres, l'harmonie de notre génie, son élégance et sa richesse. A tous ces titres, ils sont odieux à la barbarie teutonne, qui trouve une jouissance maladive a les détruire.

Le pillage des chaumières et des châteaux, des églises et des usines, se poursuit avec un cynisme méthodique et une brutalité révoltante. L'exemple du reste vient de haut ; le kronprinz lui-même cambriole les châteaux qu'il habite et, du haut en bas de l'échelle, jusqu'au dernier soudard, tous commettent les pires forfaits.

De parti pris, les ambulances deviennent les cibles préférées de nos adversaires.

Parmi nos malheureux soldats tombés vivants entre leurs mains, combien ont été froidement assassinés ! Là encore, l'exemple ne vient-il pas du haut commandement ? Oh, elle flamboiera longtemps devant nos yeux, la proclamation du général Stenger :

« A partir d'aujourd'hui, il ne sera plus fait de prisonniers ; ceux-ci « devront être massacrés. Derrière nous, il ne doit rester aucun « ennemi vivant (26 août 1914). »

Aucune guerre n'aura été conduite de plus féroce façon, aussi bien dans ses menus faits que dans ses directives. *(Note F, page 49).*

Le drapeau blanc fut pour nos adversaises le moyen de s'approcher sans danger de nous, pour nous mieux abattre. « Kamarades, pardon ! » criaient, en levant les bras en l'air, des soldats allemands qui, faisant ainsi le simulacre de se rendre, masquaient des mitrailleuses. Et nous assistons chaque jour à la violation systématique des engagements antérieurement contractés ; ce sont nos troupes brûlées par des jets de pétrole enflammé, asphyxiées par des gaz délétères ; ce sont nos navires de commerce coulés corps et biens par des sous-marins; ce sont nos villes ouvertes bombardées par des taubes ou par des zeppelins; c'est encore l'innombrable théorie des otages, brutalisés ou fusillés sans pitié.

Toutes les traîtrises que Caïn, devenu ingénieur, chimiste, diplomate, militaire ou brigand, aura pu découvrir, l'Allemand les aura employées sans scrupule.

Pas un de ses engagements qu'il ne renie; pas une des conventions signées de lui qu'il ne déclare « simple chiffon de papier », après l'avoir mise en morceaux ! Ne nous étonnons pas de cet amoncellement de crimes : il est la conséquence des enseignements dont l'Allemagne s'est inspirée. Le Germain semble, en effet, n'avoir pas conscience de l'immoralité de la doctrine qu'il applique. Il a paraphrasé sous toutes ses formes le fameux précepte de Bismarck : « La Force prime le Droit », et après en avoir fait la justification des spoliations passées, il y a cherché une règle de conduite future. Bernhardi professe que les nations faibles n'ont pas droit à l'existence et qu'elles doivent être absorbées par les nations puissantes. On pourrait multiplier les citations, si ce n'était, en l'occurence, un travail essentiellement vain. *(Note G, page 52).*

Malheureusement, les fruits de cette « Kultur » furent les vilenies sans nom dont nous avons été les victimes. Comment concevoir l'idée qu'elles puissent rester sans sanctions? Comment pourrions-nous

ANCIENNE MAISON DE STRASBOURG.

laisser subsister un seul germe d'où pourraient à nouveau jaillir toutes les forces destructives dont l'Allemagne est la synthèse.

Pour la félicité de l'univers, il faut que notre bistouri aille extirper au fond de la plaie le dernier ferment de la gangrène germanique. Et, pour cela, il nous faut refouler l'Allemagne bien en arrière du Rhin, jusque dans son antre, d'où nous veillerons à ce qu'elle ne puisse plus sortir.

* * *

« Mais, diront d'inguérissables idéologues, les populations que vous « voulez annexer sont de langues et de mœurs allemandes. Vous allez « commettre à votre tour le crime que vous avez tant reproché aux « Allemands d'avoir accompli lorsqu'ils se sont emparés de l'Alsace-« Lorraine en 1870, contre le gré de ses habitants. Vous vous désa-« vouez en agissant de même et, chose plus grave encore, non seule-« ment vous ne faites pas montre d'une mentalité supérieure à la leur, « mais, comme eux, vous faites œuvre vaine, car si l'annexion de « l'Alsace-Lorraine contenait en germe la guerre de 1914-1917, de « l'annexion des provinces rhénanes découlera logiquement plus tard « une autre guerre de revanche.

« Croyez-nous, une frontière qui ne délimite que des pays amis se « garde toute seule, tandis qu'elle ne saurait jamais exiger assez de « sentinelles, si elle devait séparer des voisins hostiles. »

Ces sophismes peuvent séduire peut-être des âmes généreuses, mais ne résistent pas à l'examen des faits.

Serait-il vrai que notre pays, en créant une revendication palatine, se chargerait d'un poids mort qui pèserait de façon néfaste sur son avenir? Très certainement non, car il n'est pas exact de prétendre que l'annexion d'une province de langue étrangère entraîne, pour le vainqueur, un équilibre instable, le condamnant à voir s'écrouler sur lui le fragile édifice imprudemment construit. L'Histoire entière n'est que la preuve du contraire.

Le problème comporte d'autres données, dont quelques-unes sont capitales, et les questions de langue et de mœurs des populations conquises ne le sont pas.

Cette tactique d'agrandissement avait du reste été favorable à l'Allemagne qui ne rêvait que de la continuer.

Ne lui avait-elle pas donné une force qui lui permettait de défier impunément l'Europe entière? Et si l'Allemagne avait eu la sagesse de ne point elle-même déclancher les hostilités, elle eût pu jouir indéfiniment de sa prédominance. Nul n'eût osé la lui disputer.

Constatons, en effet, que si cette horrible guerre de 1914-1917 a éclaté, ce n'est point parce que la France a voulu reprendre l'Alsace-Lorraine, mais bien parce que l'Allemagne a voulu reporter ses frontières encore plus à l'Ouest, et qu'en outre, elle a voulu ravir à notre pays ses plus riches colonies. N'a-t-elle pas, dans la guerre actuelle, jalonné de ses tranchées les territoires qu'elle convoitait ?

Le tort de cette nation n'a pas été de s'emparer de provinces parlant une langue étrangère à la sienne, mais bien plutôt de s'annexer des contrées qui étaient géographiquement et politiquement hors de sa zone d'action; c'est-à-dire des provinces situées à l'ouest du Rhin et qui, par cela même, nous étaient indispensables.

Quarante-six ans n'ont pu suffire aux Allemands pour digérer leurs conquêtes; mais les exigences de notre vitalité ne sont à aucun degré fonction des inaptitudes de nos voisins! Si la guerre actuelle n'avait pas eu lieu, et s'ils avaient su, les siècles aidant, s'assimiler l'Alsace-Lorraine, croyez-vous que pour nous, Français, la situation aurait été modifiée au point de nous faire renoncer à nos revendications? Certes, il aurait manqué à nos reprises la douce joie que nous ressentons à retrouver des populations aimées, qui, sans défaillance, ont su garder au fond de leur cœur l'inaltérable désir de redevenir françaises, et ont lutté sans répit contre la germanisation qu'on leur imposait; mais nous n'aurions cependant jamais pu renoncer à l'espérance de réannexer une Alsace-Lorraine que l'Allemagne, en apparence, aurait fait sienne. Au-dessus des sentiments des indigènes, n'y aurait-il pas eu les sentiments et les intérêts français, qui exigeaient impérieusement l'extension de nos frontières de l'Est au Rhin ?

Le fait que nous retrouvons l'Alsace Lorraine aussi patriote que lorsqu'elle nous fut ravie en 1870 nous autorise également à dire que nous saurions franciser les provinces voisines d'entre Moselle et Rhin.

Mais, pour celles ci, la situation est tout autre! Nous n'avons pas à nous sacrifier devant leurs préférences actuelles. Leurs populations se sont, en août 1914, lancées à la curée de notre pays. Elles ont fait bloc contre nous, sans élever aucune protestation. Elles ont assumé, par cela même, une part des terribles responsabilités qu'encourt l'Allemagne entière, et il est juste qu'elles en supportent les conséquences.

Par leur collaboration au pillage de la France, les générations palatines d'aujourd'hui auraient mauvaise grâce à réclamer le respect de leurs attaches. Quant aux générations qui suivront, il n'est pas difficile de préjuger de quel côté elles se porteront : le régime de liberté et de bienveillance que la France leur réserve devant les lui attacher rapidement.

D'ailleurs, nul ne doit ignorer que ces pays, qui, incontestablement, parlent la langue allemande, sont en revanche de race gauloise. Lorsqu'il s'agit d'apprécier la possibilité d'assimilation d'un pays, l'indice de la race est une pierre de touche infiniment plus sensible que celui du dialecte.

La langue est affaire d'école. On l'enseigne à qui l'on veut.

On peut, par l'intérêt ou la menace, contraindre le vaincu à employer l'idiome du vainqueur. L'Allemagne a toujours cherché à parachever ses conquêtes par l'obligation de l'emploi de la langue germanique; par cela même, la langue a cessé d'être un signe distinctif de la race. Les populations danoises du Schleswig doivent parler la langue de Goethe, et les Polonais des provinces orientales sont contraints d'enseigner à leurs enfants la grammaire allemande.

La race, au contraire, ne se modifie que très lentement, et celle des contrées mosellanes est encore la nôtre. Le Palatin est de taille moyenne, ses yeux sont bruns ou noirs, son allure est vive et souple. Elysée Reclus a signalé que, avant le développement industriel de la région, il émigrait beaucoup en France et principalement à Paris. Tous ceux qui ont noté les caractères physiques de cette population rhénane ont été frappés par sa ressemblance avec la race française. Il y a entre elles similitudes d'origines, de goûts et de sentiments. Sur leurs terroirs mûrissent les mêmes fruits et les mêmes idées!

Les populations d'entre Moselle et Rhin pratiquent surtout la religion catholique et, pour beaucoup d'entre elles, la boisson est le vin.

Par tout ce qui fait l'individualité des races, on peut dire des Rhénans que ce sont des Français qui s'expriment en allemand. En revanche, le type germain, blond, aux yeux bleus, à la tête allongée, est l'exception parmi eux.

Et cela se conçoit parfaitement. La Gaule, placée à l'extrémité ouest de l'Europe, avait le rôle, dévolu encore aujourd'hui à notre pays, d'arrêter les invasions dans leur cheminement à peu près invariable de l'Orient à l'Occident.

Le Rhin, de son flot puissant et dangereux, courant du Nord au Sud, barrait la route aux invasions barbares qui, dépourvues des moyens de traverser le fleuve, ne se répandaient pas sur sa rive gauloise et s'ancraient, au contraire, sur sa rive germanique. En revanche, la direction de sa vallée prédisposait le Rhin à servir de chemin aux coulées latines; et en fait, la civilisation romaine, qui s'était arrêtée au seuil de la Germanie, avait fait, des provinces rhénanes, l'un de ses joyaux.

D'ailleurs, les guerres, jusqu'au XIVe siècle, ont brassé d'une façon intime tous ces éléments ethniques et les ont mélangés aux nôtres. De tout temps, la France a exercé une grande attraction sur ces populations. Elle a régné sur elles à certains moments de son histoire et a tendu vers elles à tous les autres.

S'arcboutant à l'Atlantique, notre race, comme un ressort comprimé qui se détend, a toujours fait sentir sa pression vers l'Est.

Reprendre ou conserver la ligne du Rhin, tel a donc été, durant vingt siècles, notre programme; ce n'est pas le moment de l'abandonner.

* * *

Ruines du Palais du Charlemagne à Treves

Jusqu'aux partages de l'Empire carlovingien en 843 et 888, la Gaule non seulement allait jusqu'au Rhin, mais encore le dépassait. La rive gauche du Rhin était devenue le centre politique de l'empire français : Charlemagne, Rollon, y avaient leurs châteaux préférés.

Lorsque la fille de Charles le Téméraire, Marie de Bourgogne, épousa Maximilien d'Autriche, au lieu du Dauphin de France qu'on lui proposait, elle lui apporta en dot les provinces rhénanes, qui semblèrent alors échapper à notre pays ; un mariage avait changé les destinées de l'Europe !

Mais nos visées traditionnelles furent bientôt reprises par d'autres voies ; on peut dire qu'aucun de nos grands politiques ne les ont abandonnées ; tous y ont consacré leurs efforts. Avec Coligny, avec Henri IV, avec Richelieu, avec leurs successeurs, les tendances se précisent. Chose curieuse, les guerres de religion, loin de séparer ces populations qui se combattent, aident, au contraire, à leur pénétration réciproque. En 1658, l'influence de la France est à ce point prépondérante, que la

Ligue des villes du Rhin sollicite de la France qu'elle la prenne sous sa garde. D'ailleurs, un certain nombre de princes rhénans recevaient des subsides de notre pays. Notre influence grandissait dans ces régions par notre action diplomatique, par nos succès militaires, par l'éclat de notre civilisation, par les relations commerciales, par l'émigration individuelle en France. Landau était français dès 1714 et, lorsque éclata notre grande Révolution, une vague d'enthousiasme souleva en notre faveur tous ces pays. Custine n'eut qu'à paraître devant Mayence avec une dizaine de mille hommes, pour que la ville se rendît au bout de quatre jours de siège, malgré son gouverneur qui voulait la défendre. Les Français y furent reçus comme des amis que l'on fête ; et lorsque, quelques mois plus tard, dans un retour offensif, les Allemands assiégèrent à nouveau Mayence, la ville se dressa farouchement contre eux.

Toutes ces contrées de la rive gauloise du Rhin restèrent françaises jusqu'en 1815 et furent, pendant cette période, aussi dévouées, aussi patriotes que n'importe quelle province de vieille souche nationale. Il n'y eut chez elles aucune de ces révoltes qui éclatèrent sur divers points, en Vendée, à Lyon ou ailleurs. Le loyalisme de ces néo-français fut sans reproche, et lorsque les jours de la défaite arrivèrent, lorsque les troupes germaniques repassèrent le Rhin à leur tour, poursuivant Napoléon vaincu, elles ne trouvèrent qu'un accueil froid et souvent hostile chez cette population rhénane qui nous regrettait et qui manifestait en bien des endroits aux troupes françaises qui se repliaient, son ardent espoir de les voir revenir. L'attachement de ces populations à notre chère patrie était si réel et si profond, que l'Europe, alors dressée contre nous, ne cherchait pas à réagir contre cet état de choses. Après notre défaite, en 1813, elle nous offrait la paix, en nous laissant comme frontière le Rhin jusqu'à la mer. (*Note H, page 54*).

La France eût alors trouvé sa forme définitive dans ses limites naturelles. Mais elle s'était saoulée de gloire avec Napoléon Ier ; celui-ci, non dégrisé, malgré ses revers, osa refuser ; il joua le tout pour le tout ; il perdit la partie. La France, écrasée, dut alors renoncer momentanément à la réalisation de son unité et se replier sur elle-même. *(Note I, page 55).*

En 1815, la coalition haineuse de tous ceux que l'Empereur avait successivement battus voulut porter à notre pays le coup fatal qui devait, semblait-il, l'abattre pour toujours. On lui donna une frontière ouverte, que la perte de l'Alsace-Lorraine, en 1870, affaiblit encore davantage !

Plût au ciel que l'Europe, en 1815, n'eût pas commis l'erreur qu'elle aggrava en 1870, de laisser les Allemands franchir le Rhin. Elle n'eût pas connu les guerres qui ensanglantèrent ce dernier siècle ; elle eût également évité la lutte de Titans qui plonge aujourd'hui l'Univers entier dans la stupeur.

Waterloo, en créant une Allemagne plus forte que la France, a introduit dans l'équilibre européen une instabilité grandissante, que la paix future doit faire disparaître.

Tant que les Etats germaniques ne s'étaient pas encore soudés en un bloc formidable, la France, avec ses anciennes frontières, pouvait être un contre-poids suffisant à la puissance allemande. En face d'une Allemagne unifiée, formidable instrument de destruction mis entre les mains de souverains ambitieux, l'histoire de ce dernier siècle montre qu'il faut, pour le maintien de la paix universelle et de la sécurité des peuples, une France forte.

Dans ses étroites limites de 1815, elle ne continuerait à être qu'une proie tentante offerte aux désirs germaniques.

Ne doutons pas de nous ! Cinquante années d'humiliations nous ont amenés, malheureusement, à manquer de confiance en nous-mêmes. Nous nous ignorions ; la paix qui mettra fin au conflit actuel nous révélera aussi bons assimilateurs que cette guerre nous a montrés bons guerriers ! Nous n'avons pas perdu le secret de nous faire aimer des populations que nous subjuguons. Que ceux qui paraissent en douter jettent un regard impartial sur la façon dont combattent aujourd'hui dans nos rangs ceux-là mêmes dont les Allemands escomptaient les révoltes. La France a su s'attacher, par les liens sacrés de l'affection et de la reconnaissance, tous ceux qu'en premier lieu elle a dû conquérir de vive force ; et dans cette guerre, par la communion du sang versé pour un même idéal, nos coloniaux s'identifient plus indissolublement encore avec leur nouvelle patrie.

De même que les chaudes journées d'été font éclore spontanément les végétations qui germaient, ainsi la rafale qui passe aura plus contribué à franciser nos colonies que tout un passé d'équitable et sage administration.

Il en sera de même du Palatinat. Pour quiconque l'a étudié, aucun doute n'est possible. Ces populations, dont les tendances sont républicaines et francophiles, seraient vite gagnées à notre pays.

L'exaltation guerrière a pu submerger momentanément ces sentiments en léthargie : ils persistent cependant à l'état latent, et l'on peut tabler sur eux. Aussi peut-on prédire à coup sûr que la francisation de ces provinces serait aussi rapide que la germanisation de l'Alsace-Lorraine était lente, et cela pour les mêmes causes profondes.

De tous les types rhénans, l'Alsacien est incontestablement celui dont l'individualité est la plus forte ; or, le monde entier témoigne à quel point une communauté d'existence avait soudé l'Alsace à la

France. Nous pouvons donc logiquement prétendre que nous nous assimilerions encore plus vite le Rhénan moins autochtone. D'ailleurs, la victoire activera singulièrement notre prestige dans le Palatinat; la masse des esprits aura vite fait de s'y ébranler pour venir à nous, comme elle le fit à plusieurs reprises dans l'histoire.

Et puis, il ne serait ni injuste, ni difficile d'éliminer de la population les éléments qui nous seraient hostiles et de forcer l'Allemagne à donner asile chez elle, avec indemnité partielle pour l'abandon de leurs biens, à ceux de ses sujets rhénans qui resteraient pour nous des adversaires irréductibles; ce serait une de ces expropriations pour cause de sécurité publique que l'Allemagne pratique couramment et qu'elle se promettait de nous appliquer. *(Note J, page 56).*

Mais nous pouvons faire crédit au génie séducteur de notre race; les hostilités closes, les contrées d'entre Moselle et Rhin devenues nôtres, une législation généreuse et des administrateurs adroits sauraient jeter bas les barrières qui pourraient séparer encore notre nation de ses éléments adjonctifs nouveaux.

VIEUX CHATEAU SUR LE RHIN.

Nous avons envisagé la question en nous plaçant au point de vue des provinces conquises. Examinons maintenant le problème du point de vue français.

Le second prime incontestablement le premier.

En ne considérant que leurs stricts rôles défensifs, la frontière du Rhin est indispensable à la France, mais superflue pour l'Allemagne.

La vallée même du Rhin est remarquablement symétrique ; aux plaines, aux montagnes de la rive gauche. correspondent exactement les plaines et les montagnes de la rive droite, en sorte que la frontière est aussi effective d'un côté que de l'autre, permettant des défenses aussi faciles sur le versant allemand que sur le versant français.

Mais il en va tout autrement, une fois le Rhin franchi. En cas d'invasion de l'Allemagne par les Français, ceux-ci auraient à traverser, pour aller à Berlin, tous les fleuves allemands qui, tous, sont parallèles au Rhin, coulant dans des conditions topographiques semblables et constituant ainsi autant d'obstacles redoutables semés sur la route de l'envahisseur.

Notre frontière actuelle a été artificiellement tracée, pour ne pas nous permettre un système défensif semblable.

Avec la rive gauche du Rhin, l'Allemagne avait pris pied chez nous. Par cette conquête elle s'était forgé, dans une pensée agressive, l'arme qu'elle souhaitait posséder pour nous anéantir, le cas échéant.

Elle pouvait à son gré faire irruption sur notre territoire, dont elle avait l'accès ; et ses troupes, après avoir rompu notre cordon protecteur, n'avaient qu'à suivre nos grandes vallées qui, toutes, les conduisaient à Paris sans qu'aucun obstacle naturel pût leur en barrer la route.

Mais, avec la frontière du Rhin, l'envahissement de notre territoire deviendrait presque impossible. Les risques d'une nouvelle agression se trouveraient à peu près éliminés. L'invasion de 1914 serait la dernière ! Nous aurions, en effet, pour nous couvrir, d'Huningue à Coblence, le fossé du Rhin, dangereux dans la plaine par son lit changeant, rendu infranchissable ailleurs par les montagnes qui le dominent et y font office de rempart. En arrière du fleuve, nous aurions une deuxième barrière défensive, constituée par la chaîne des Vosges, le plateau stratégique de la Hardt qui les prolonge, et enfin le massif du Hunsrück qui les termine et dont les contreforts interdisent toute utilisation de la vallée de la Moselle, comme voie de pénétration. Enfin, en arrière de cette rangée de hauteurs, nous aurions, comme troisième ligne protectrice, les vallées de la Sarre et de la Moselle supérieure, qui se prêteraient à une forte organisation défensive d'autant plus précieuse qu'elle serait parallèle au Rhin.

C'est de tout cet ensemble que l'ennemi devrait d'abord triompher avant d'arriver à nos forteresses actuelles de la Meuse.

C'est dire quelle sécurité les provinces rhénanes nous apporteraient.

L'Allemagne, en nous les cédant, ne réduirait que de fort peu sa puissance défensive.

Le sol des provinces mosellanes, en pente douce sur le versant français, se prêterait médiocrement à une résistance efficace contre nos attaques venant de l'Ouest. Et cette constatation est si exacte, que les Allemands n'ont pas hésité à déclasser les forteresses que nous avions édifiées au seuil et en avant du plateau de la Hardt, pour construire d'autres places fortes, en arrière de celle-ci, sur la ligne du Rhin, où ils ont concentré leurs défenses.

Ce n'est pas tout d'avoir des frontières bien tracées, il est important également d'en éloigner la capitale, cœur et cerveau du pays. Paris, à ce point de vue, se trouve dans une situation désavantageuse ; il est trop près de nos lisières ; il est trop à fleur de peau. A ce titre encore, la possession de la rive gauche du Rhin améliorerait beaucoup la situation de notre Métropole !

Alors que Paris se trouve actuellement à 270 kilomètres de la frontière Lorraine sous Metz, il est dans la même direction, à 400 kilomètres de la ligne du Rhin, c'est-à-dire à 130 kilomètres plus loin de la frontière, soit une protection supplémentaire de 50 %.

Si nous considérons les quatre villes de Coblence, Mayence, Strasbourg et Huningue, qui seraient nos quatre vigies, nous voyons que :

Coblence,	qui est à	420 kil. de Paris,	est à	470 kil. de Berlin	
Mayence,	—	460	—	470	—
Strasbourg,	—	370	—	600	—
Huningue,	—	390	—	680	—

nous nous contenterions de cette équivalence approchée, que nous pourrions souhaiter meilleure.

A ces considérations viennent s'ajouter celles relatives aux forces armées en présence. Une nation moderne peut armer 10 % de sa population, le chiffre de celle ci a donc une grande importance.

Actuellement, avec la stagnation de nos naissances dérivant de causes économiques ayant le plus étroit rapport avec nos désastres antérieurs, nous étions arrivés à une telle disproportion de population avec l'Allemagne que, malgré notre intense volonté et notre abnégation, nous ne pouvions parvenir à armer des forces militaires égales. Il y a vingt ans, l'Allemagne, en face de nos 40 millions d'habitants, pouvait en aligner 53 millions. Aujourd'hui, elle peut nous en opposer 65 millions. Sa force armée est devenue de un tiers supérieure à la nôtre. Tous les Français clairvoyants s'alarmaient de cette disproportion croissante entre les deux pays voisins, et le futur traité de paix devra tendre à égaliser le nombre de leurs sujets.

L'Allemagne ayant abandonné toute la rive gauche du Rhin jusqu'à la Hollande, ainsi que ses frontières baltiques, disposerait encore d'une population supérieure à ce que la nôtre serait devenue. L'écart excéderait 5 millions d'habitants; mais nous arriverions à un équilibre presque parfait en créant avec ces 10 % de population germanique en surplus un état tampon dont il sera parlé plus loin.

Bien d'autres raisons doivent nous pousser encore à revendiquer les provinces d'entre Moselle et Rhin.

Alors que toutes les nations qui nous sont alliées vont prendre une extension considérable, il serait très imprudent à la France de se cantonner dans la simple revendication de l'Alsace-Lorraine. Il en résulterait une rupture de l'équilibre qui doit exister non seulement entre nous et nos ennemis, mais aussi entre nous et nos amis.

Cette guerre va donner à certaines nations adriatiques une puissance singulièrement accrue et va, par cela même, diminuer notre prépondérance méditerranéenne; nous devons envisager l'hypothèse d'un blocus de nos côtes algériennes. La France continentale doit donc être assez forte pour pouvoir, à elle seule, sans le concours précieux de ses troupes coloniales, assurer la défense de ses droits. Il faut que la métropole, avec ses seules armées, puisse assurer l'inviolabilité de son territoire.

***

SÉMAPHORE SUR LE RHIN
(Tour des souris)

Il est d'autres considérations que je m'en voudrais de passer sous silence parce qu'elles ont une importance plus grande encore en temps de paix qu'en temps de guerre. Les heures d'hostilités sont décisives, mais elles sont brèves; les heures pacifiques, plus longues, doivent, pour être durables, être fécondes.

La puissance économique d'un peuple est un grand facteur de combat et devient un élément de paix, lorsqu'elle est prospère. Au premier rang de la force productive d'un pays se place son industrie; or, celle-ci ne peut être maîtresse que si la nation produit elle-même les ressources minières indispensables au fonctionnement de ses usines. Le charbon est l'aliment primordial de l'industrie; sans lui, elle ne pourrait que végéter.

L'industrie appelle la science; l'une développe l'autre, et c'est ainsi que la houille devient un merveilleux agent de civilisation. Malheureusement, nos gisements français sont insuffisants; en temps normal, nous ne pouvons vivre sans l'aide des charbonnages étrangers. En temps de guerre, l'obligation où nous nous trouvons de recourir à des importations, parfois impossibles, risquerait d'être désastreuse.

La possession du Palatinat viendrait encore sur ce point faire cesser notre infériorité, car le gisement de charbon qui enrichit la vallée de la Sarre est l'un des plus importants de l'Allemagne. Il comprend 160 couches de houille.

La France consomme annuellement 45 millions de tonnes de houille et n'en trouve que 30 dans son sol. Elle achete les 15 millions qui lui manquent à l'Angleterre, à l'Allemagne et a la Belgique.

Le bassin houiller du Palatinat, en 1913, a produit 13 millions de tonnes. Ce n'est même point l'équivalent de ce qui nous manque maintenant ni de ce qui nous fera défaut plus tard. *(Note K, page 56).*

L'Allemagne peut se passer du bassin houiller de la Sarre car, avec ses autres gisements de houille, elle restera une des nations les plus privilégiées qui soient sur terre. Alors que notre extraction minière est de 30 millions de tonnes, la sienne s'est élevée, en 1913, au chiffre formidable de 278 millions de tonnes de houille et lignite. Il n'en faut pas davantage pour donner à un pays une maîtrise industrielle inattaquable.

Le futur traité de paix, en nous attribuant les provinces d'entre Moselle et Rhin, ne nous donnerait donc qu'un minimum d'indépendance charbonnière. D'un autre côté, il nous procurerait divers autres avantages économiques dont, volontairement, je ne veux pas faire état : tels certains gisements célèbres; telle la production vinicole des rives de la Moselle et du Rhin qui compléterait si bien la série de nos vins français. *(Note L, page 58).*

Enfin, il nous garantirait contre une nouvelle violation de la neutralité belge.

Le Palatinat, devenant français, rendrait inviolable la Belgique agrandie, car les armées allemandes qui voudraient envahir notre alliée ne pourraient passer outre, sous peine d'être prises de flanc par les forces françaises qui déboucheraient par les massifs de l'Eiffel.

Il faut bien le dire, en revendiquant pour la France les territoires d'entre Moselle et Rhin, nous ne faisons que suivre timidement les traditions de notre histoire, et les enseignements de nos plus grands politiques : C'est Richelieu disant : « Il faut restituer à la Gaule ses limites naturelles ». C'est Danton s'écriant : « C'est en vain qu'on veut faire craindre de donner trop d'étendue à la République. Les limites de la France sont marquées par la nature. Nous les atteindrons à leurs quatre points : à l'Océan, aux bords du Rhin, aux Pyrénées, aux Alpes; aucune puissance ne peut nous arrêter. » C'est enfin Lazare Carnot précisant : « Les limites anciennes et naturelles de la France sont : les Alpes, le Rhin, les Pyrénées. »

On le voit, nous restons ainsi dans la plus pure doctrine révolutionnaire. Ce ne sont pas les pangermanistes que nous prétendons imiter, mais bien les conventionnels de 93. Ce programme sans outrance ne s'inspire que du souci de conserver à notre pays son droit à l'existence. (*Note M, page 59*).

Il semblerait qu'en présence de toutes les raisons exposées ci-dessus, les Français devraient être unanimes à réclamer, comme frontière, la ligne du Rhin. Mais en France, on fait plus volontiers le sacrifice de sa vie que l'abandon de ses opinions. Cependant, si certains esprits, malgré des siècles d'hostilités presque continues, couronnées par le cataclysme actuel, gardent un optimisme béat et l'espoir d'impossibles fraternités, par contre, la presque unanimité des Français ne veut pas laisser à la discrétion de l'Allemagne la possibilité de faire revivre les luttes actuelles.

Peut-on dire que cette guerre sera la dernière ?

Personne ne saurait l'affirmer. Tant qu'une paix plusieurs fois séculaire n'aura pas manifesté sa solidité par sa durée même, il sera interdit à notre pays de faire reposer sur elle sa politique extérieure. Le souci de la sécurité d'une nation doit primer le respect des opinions philosophiques de quelques-uns de ses citoyens.

La vérité aveuglante est que, en moins d'un demi-siècle, à deux reprises, l'Allemagne nous a imposé la guerre, qu'elle a ravagé nos territoires et tué des millions d'hommes, qu'elle a tenté de nous anéantir. Or, il faut reconnaître que ce ne serait ni la perte de l'Alsace-Lorraine, ni celle de la Prusse orientale qui enlèveraient complètement au bloc allemand sa suprématie européenne.

Allons-nous écouter ceux qui veulent se contenter de nous ramener à ce que nous étions avant 1870 ? Pourquoi l'arrêt sur ce stade intermédiaire ? Il s'est tenu des congrès pour nous conseiller de nous résigner à moins encore !

Qui de nous ne se souvient des discours qui furent tenus à Bâle, à Annecy et ailleurs, et qu'il y aurait quelque cruauté à rappeler après les sanglants démentis que les faits leur ont donnés. Il ne faut cependant point aller jusqu'à oublier l'effroyable danger que les pacifistes outranciers ont fait courir à notre pays ! (*Note N, page 62*).

Bien souvent, des utopistes dévoyés n'ont pas vu ce que demandait notre sécurité. Beaucoup d'entre eux, et non des moindres, avaient accepté la situation d'une Alsace-Lorraine restant allemande; ils ne voulaient pas voir ce que préparait l'Allemagne et refusaient à notre pays les moyens de s'armer pour se défendre. Ils essayaient sournoisement de discréditer la question des provinces perdues en l'affublant d'une pancarte de républicanisme de mauvais aloi. Ils s'acharnaient à détruire l'alliance russe, la déclarant incompatible avec notre démocratie !

Quelle responsabilité est la leur ! Cependant, nul ne voudrait leur reprocher aujourd'hui leurs funestes illusions, s'ils avaient la pudeur d'enterrer leur chimère, frappée à mort par l'Allemagne haineuse.

* * *

On ne voudrait écrire que des paroles de pure concorde, ne rien dire qui puisse nuire à l'union sacrée de tous les Français, et cependant, comment ne pas insister sur certains points douloureux, lorsqu'on s'aperçoit que, malgré le martyre et la souillure que subissent encore, à l'heure actuelle, une douzaine de départements français, il se trouve toujours des yeux non dessillés qui ne voient point.

Aux temps où l'Allemagne se composait d'une poussière de principautés indépendantes, la France vivait dans une quiétude complète. Nous avons largement contribué à faire de ces petits états la mosaïque allemande actuelle et nous n'avons guère lieu de nous en féliciter !

Aujourd'hui, on nous convie à républicaniser l'Allemagne malgré elle ! On rêve probablement d'en faire ainsi une nation pacifique, et certains vont, dans leur aberration, jusqu'à prétendre que nous devons tendre une main fraternelle aux Allemands, pour peu qu'ils consentent à se débarrasser de leur kaiser et de l'impérialisme prussien qu'il traîne derrière lui. C'est montrer une naïveté dangereuse que de vouloir séparer l'Allemagne de son gouvernement et d'innocenter la première pour maudire le second. Pourquoi considérer nos voisins comme des irresponsables qu'il faut guérir ? La France, l'Angleterre, ont les régimes qui conviennent à leurs peuples et que ceux-ci acceptent. L'Allemagne, elle aussi, a choisi, puis conservé la forme de gouvernement qui s'adaptait à son caractère belliqueux et servile, ainsi qu'à ses instincts conquérants. Pourquoi vouloir assimiler l'Allemagne, dont la volonté, l'intelligence et l'érudition sont indiscutables, à une peuplade encore barbare qu'il convient de mettre en tutelle et de civiliser par la force.

L'effort considérable que la France fournit aujourd'hui, pour maîtriser le formidable agresseur qui rêvait de la terrasser, doit aboutir à autre chose qu'à une mystique intrusion dans l'organisation politique intérieure de celui-ci. Cet effort doit donner à notre pays une stabilité définitive par une paix vengeresse. Nous signerons loyalement cette dernière, mais nous ne devrons pas oublier qu'elle sera, comme les autres, d'essence périssable.

Nous devrons donc l'abriter sous l'égide de notre seule volonté, ce sera sa plus sérieuse chance de durée.

La paix éternelle n'est pas de ce monde, mais une paix dont nous aurions les clefs s'en rapprocherait aussi humainement que possible; elle serait en bonnes mains et bien gardée.

Par notre régime républicain, par notre civilisation éprouvée, nous sommes le germe pacificateur le plus fécond de l'Europe.

Cependant, il y a des paix craintives que la France ne veut plus subir ! Elle ne veut plus labourer l'épée au côté ! Elle ne veut plus avoir à regarder anxieusement vers sa frontière de l'Est, toutes les fois que ses voisins querelleurs y feront retentir leurs fanfares guerrières. L'humilité ne peut pas désarmer l'Allemagne dont l'âme ignore la générosité, et la guerre de 1914-1917 ne fera pas le miracle d'abolir son instinctive et féroce duplicité. (*Note O, page 62*).

Ne poursuivons donc pas la paix dans la chimère de l'amitié allemande. *(Note P, page 63)*.

Depuis que le monde existe, le peuple allemand est le seul qui, de tout temps, nous a continuellement considéré comme son ennemi.

Même quand nous sommes parvenus à le domestiquer, sous Charlemagne et sous Napoléon, il nous est resté hostile, la traîtrise de la race remplaçant la force momentanément absente.

Nous nous devons donc d'exiger de lui la frontière d'où nous le dominerons.

La soif de quiétude qui nous altère ne peut être étanchée que dans les flots de la Moselle et du Rhin.

Emmurons d'abord l'Allemagne, nous pourrons ensuite rester indifférents à son hostilité héréditaire.

Est-ce que la France, auréolée de la sympathie du monde entier, n'a pas des amis à toutes ses autres frontières ?

Or, l'on ne peut chercher impunément à être l'ami de tous, sous peine de ne le devenir de personne.

Depuis un siècle, nous acquérons une expérience de plus en plus approfondie des alliances russes, anglaises et italiennes ; elles excluent en particulier le rapprochement franco-allemand. Est-ce que celui-ci ne visait pas à l'oubli de nos revendications ? N'entraînait-il pas notre déchéance morale ? C'était avec lui la paix implorée, par peur de la lutte, la paix subie, par impuissance de se soustraire au joug, la paix que le maître, sous forme d'aumône, nous aurait à son gré, octroyée ou refusée.

Il faut que le cauchemar d'une telle servitude soit dissipé pour toujours.

Les horreurs commises par nos ennemis au cours de cette guerre légitiment d'ailleurs les répulsions qu'ils nous inspirent.

Appuyons-nous au contraire sur nos amis. Soyons pour eux l'allié intrépide et fidèle que l'on paiera de retour. Imprégnons-les de la certitude qu'ils peuvent compter sur nous et fondons avec eux la paix du monde. (*Note Q, page 63*).

Quelle grandiose mission de rédemption nous est ainsi dévolue ! Comme les luttes antiques, la guerre d'extermination sauvage qui nous est faite se terminera par l'enchaînement du vaincu au char du vainqueur.

Et nous triompherons !

Au cours de son histoire, une des plus continues qui soient, il était arrivé quelquefois à la France d'avoir toute l'Europe contre elle ; il ne lui était pas encore arrivé de l'avoir presque entière avec elle. Et cette frontière du Rhin qu'elle avait conquise contre un monde coalisé, c'est un monde coalisé qui la lui offre à nouveau ! (*Note R, page 64*).

Ne commettons point l'insigne folie d'en faire fi !

La France en a besoin pour pouvoir, à la première alerte se barricader chez elle, et contenir, avec des effectifs réduits, les immenses contingents que l'Allemagne pourrait mobiliser. Or, c'est le but à atteindre, si nous voulons vivre notre vie qui, elle, n'est pas faite de rapines guerrières, mais est tissée de souriant travail et de douce civilisation.

Notre génération ne manquera pas de souffle dans la poursuite de la victoire !

Une victoire peut toujours être poussée aussi à fond qu'on le veut ; c'est affaire d'opiniâtreté !

Il appartiendra à nos gouvernants de lui faire rendre ensuite tout ce qu'elle contenait.

Mais s'ils émoussaient nos revendications, il y aurait un tel divorce entre eux et la nation même, que la république en sombrerait.

Déjà la France peut reprocher au régime de n'avoir pas suffisamment prévu cette guerre, de l'avoir trop improvisée; il ne faudrait pas qu'elle puisse lui reprocher en outre d'avoir rendu vain l'effort inouï qu'elle fournit.

L'indéfectible amertume qui découlerait de la stérilité de l'héroïsme prodigué serait un germe de mort pour le pays.

Sous prétexte de ne pas causer à l'Allemagne de regrets éternels, c'est à la France qu'on les imposerait ! Aucun gouvernement ne pourrait impunément présider à une telle banqueroute de nos espérances séculaires.

Ah ! par pitié pour tous ceux qui se sont offerts en holocauste à la patrie, pensant stoïquement être la rançon d'une lumineuse ère de liberté pour elle, par solidarité avec les générations qui nous suivent et qui ne doivent plus vivre sous les menaces terribles qui pesaient sur la nôtre, ne faisons pas une paix de lassitude, une paix incomplète.

Ce fut le désir des millions d'enfants de la France qui dorment aujourd'hui leur dernier sommeil au milieu des champs de bataille bouleversés ; c'est l'aspiration légitime de tous ceux qui devront encore payer de leur vie l'orgueil de soutenir cette sainte lutte. La volonté des morts est sacrée.

Par dessus l'effort d'aujourd'hui, sachons discerner l'effort que pendant près de 2.000 ans nos aïeux ont renouvelé dans la même direction avec un acharnement invincible, et par delà les tombes de tous ces soldats français qui, successivement, au cours des âges, se sont immolés pour cette même cause qui arme nos bras aujourd'hui, allons planter les bornes de notre patrie radieuse et libérée le long du grand fleuve qui nous entend venir.

Dans notre acceptation d'aller jusqu'au bout de la souffrance résidera l'apanage de la victoire.

Nous l'avons eu le Rhin allemand !

Il a été le Rhin français de Clovis, de Charlemagne, de Napoléon !

La première république l'avait redonné à notre patrie ; il appartiendra à la troisième république de le lui rapporter à nouveau et pour toujours.

CHAPITRE II

Dans les pages précédentes, j'ai voulu définir les revendications minima que nous devions formuler et en dessous desquelles il était interdit à notre pays de mettre bas les armes. Dans les pages qui vont suivre, je voudrais montrer ce que peut nous imposer la logique des choses, et les solutions que la prudence nous conseille.

Trois axiomes sont à la base du problème que nous avons à résoudre.

L'Allemagne doit être rejetée au delà du Rhin.

La Belgique, par la totalité de sa frontière Nord, doit rester jointive aux Pays Bas

Enfin, la Belgique et la France doivent aller ensemble au Rhin, accolées l'une à l'autre.

Il est indispensable que ces deux pays soient seuls à posséder tout le versant ouest de la vallée du fleuve jusqu'à la Hollande.

Où sera leur frontière commune ?

Il serait difficile d'en trouver une meilleure que la Moselle.

Mais si la Belgique ne croyait pas de son intérêt de remonter jusqu'à celle-ci ou de s'étendre jusqu'au Rhin, alors nous serions dans l'évidente nécessité de hausser nos exigences et de descendre notre nouvelle frontière vers le Nord pour y établir le contact avec la Belgique et, au besoin même, avec la Hollande. Il faut que nous soyons couverts, dans cette direction, par un petit état dont la neutralité sera garantie par l'Europe. La Belgique a peut être raison de ne pas vouloir aller jusqu'à la Moselle, mais elle aurait sûrement tort de ne pas aller jusqu'au Rhin. Si elle s'y refusait, elle se trouverait cernée dans nos propres agrandissements; elle perdrait le contact direct avec ce fleuve dont la vallée est une des plus importantes du monde !

Cela, elle ne le peut pas !

D'ailleurs, elle trouverait dans la partie septentrionale de la Prusse rhénane des territoires qui pourraient lui servir de monnaie d'échange, pour obtenir de la Hollande des rectifications de frontière importantes.

L'intérêt de la Hollande est de s'agrandir vers le Sud en reportant sa frontière aux environs de la ligne Rosemonde, Vanloo, Duisburg, par exemple. *(Note S, page 65)*.

Elle sortirait notablement améliorée de semblables transactions ; et la Belgique, par réciprocité, pourrait obtenir la disparition de délimitations qui, véritablement, la paralysent et la défigurent.

La diplomatie européenne s'entremettrait volontiers pour faire aboutir ces mutations, et elle y réussirait vraisemblablement d'autant mieux qu'il lui serait loisible, le cas échéant, de disposer vers l'Est d'éléments hanovriens qui élargiraient singulièrement le champ des compensations offertes. Ce que les Pays-Bas perdraient du côté de l'Escaut, ils pourraient le retrouver du côté de l'Ems.

La Hollande devrait se retirer sur la rive droite de l'Escaut oriental, abandonner les îles fortifiées des Bevelent et de Walcheren, qui commandent l'Escaut, renoncer à son enclave insolente en terre belge de Hulst, Axel, Neuzen et l'Ecluse.

Elle pourrait céder également à nos amis le perfide cul-de-sac par lequel elle s'insinue, le long de la Meuse, jusqu'à Maestricht, et qui serait sans intérêt pour les Pays-Bas, le jour où la Belgique s'installerait en Prusse rhénane. En effet, dès ce moment, l'étranglement économique de cette province serait à la merci des Belges.

De toute façon, qu'elle trafique de ses conquêtes ou bien qu'elle les garde, la Belgique est donc conduite au Rhin; mais jusqu'où devra-t elle remonter le fleuve? Telle est l'angoissante question qu'elle se pose. Elle ne peut se dissimuler qu'elle n'a que 7 millions d'habitants; que la Prusse rhénane, dans sa partie comprise entre la Hollande, le Rhin la Moselle en possède approximativement 4 millions.

L'on conçoit donc que la première doute de pouvoir absorber la seconde, d'autant plus que la Belgique est un pays neutre auquel une longue histoire n'a pas encore forgé une âme.

Hier, elle n'était pas un pays unifié, et elle s'interroge anxieusement aujourd'hui pour savoir si elle le sera demain.

Avant la guerre, le heurt des races y confinait au séparatisme; et si, malgré la communion des cœurs créée par les épreuves affrontées en commun, les Wallons et les Flamands voyaient renaître, avec l'acuité de jadis, leurs rivalités assoupies, il se trouverait que, par une politique de jonction avec l'un ou l'autre des deux partis actuels, la population rhénane annexée serait l'arbitre de la situation et, par là-même, acquerrait une suprématie qui la rendrait souveraine dans la Belgique entière. *(Note T, page 66).*

C'est pourquoi beaucoup de bons esprits, redoutant cette éviction d'une des fractions indigènes par l'élément allemand, supplient la Belgique de décliner l'offre grandiose qui lui est faite et sous laquelle ils croient découvrir des germes de scission et de mort.

Allant même jusqu'au bout du désintéressement, ils lui demandent avec insistance de se contenter de l'annexion des deux districts de Montjoie et de Malmédy, attenant à sa frontière de l'Eiffel.

Quoiqu'il en soit de cette question, trop vitale pour que nous nous permettions d'influencer nos amis dans les résolutions qui leur incombent, nous nous bornons à souhaiter que l'instinct des grands peuples leur inspire la meilleure conduite à tenir dans les troublantes conjonctures qui les font hésiter.

Mais pour nous autres Français, le doute n'est pas possible sur ce que nous devons faire.

Si la peur d'être submergés par l'élément allemand incitait nos voisins à de simples rectifications de frontières, nous sauterions par dessus la Moselle et prendrions de la rive gauche du Rhin tout ce dont ils ne voudraient pas.

Nous irons jusqu'où ils s'arrêteront. Nous devons avoir leur mitoyenneté qui ne semble guère pouvoir être plus septentrionale que Aix-la-Chapelle, Düren, Cologne. Dans ce dernier cas, nous devrions nous ancrer dans le massif montagneux de l'Eiffel dont les dernières cimes de la Hohe Wenn et de l'Ahr Gebirge tombent à la lisière des régions d'Euskirchen et de Bonn qu'elles dominent.

De ces éminences, nous commanderions les plaines qui les prolongent. Notre situation stratégique s'en trouverait notablement renforcée, les gorges du Rhin, au sud de Bonn, étant infranchissables, et l'Eiffel constituant une forteresse naturelle que nous rendrions inexpugnable. N'ayons pas de craintes puériles concernant la francisation des populations rhénanes. *(Note U, page 66).*

Nous aurions les mêmes facilités à nous assimiler les Rhénans du nord de la Moselle que ceux du sud ; et tout ce que j'ai dit du Palatinat. peut, sous ce rapport, s'appliquer à la Prusse rhénane.

Physiologiquement, géographiquement, cette province nous est due. et si les appréhensions de la Belgique à s'en emparer sont mathématiquement compréhensibles, les nôtres ne le seraient pas. (*Note V, page 68*).

* * *

Nous avons envisagé jusqu'ici le problème de l'équilibre franco-allemand à la lumière des événements anciens, mais il ne faut pas se dissimuler que des transformations essentielles s'opèrent dans les données européennes, et que ce n'est pas suivant les simples règles du passé que se régira l'avenir. Ne nous leurrons pas d'illusions ! Le rêve des pangermanistes sera déçu ; la plus grande Allemagne qu'ils voulaient imposer à l'univers ne sortira pas de ses limbes; mais si nous voulons qu'elle y reste ensevelie à jamais. gardons-nous de méconnaître le fait inquiétant que la grande guerre actuelle a fait surgir devant nous. Un nouveau bloc allemand se forge, dont l'âme survivra au désastre final qui l'attend.

L'axe de l'Allemagne et celui de ses ambitions étaient précédemment Ouest Est. La guerre va déterminer une nouvelle Germanie dont l'axe sera Nord-Sud, mais dont les tendances continueront à nous être d'autant plus hostiles qu'elle ne nous pardonnera jamais ses rêves écroulés.

Il faut se prémunir contre cette Allemagne naissante dans laquelle l'Autriche est en train de se fondre.

Considérez de quelle façon s'accomplit la pénétration réciproque des deux empires centraux, et dites-moi s'il est possible de faire abstraction dans vos évaluations d'avenir de cette donnée d'une signification si redoutable : les États-Unis de Germanie? Certes, nous saurons envisager ce danger : nous saurons dissocier nos ennemis et réduire leur importance. (*Note X, page 69*).

Après que les nations alliées auront harmonisé leurs frontières suivant leurs intérêts, nous saurons trouver encore dans l'empire des Habsbourg des éléments dissidents pour en faire des nations nouvelles! Mais ces précautions ne supprimeront pas irrévocablement la possibilité d'un regroupement des forces allemandes. Il y aura toujours une immense population de culture et de compréhension germaniques constituant, au centre de l'Europe, une masse amorphe susceptible de cristalliser en un bloc compact sous une influence propice. Il y aura toujours le rameau autrichien que nous aurons violemment isolé des éléments ethniques bohémiens, slaves, polonais et hongrois, et qui cherchera désespérément à quelle formation germaine s'accrocher!

Les lois de l'attraction universelle s'appliqueraient-elles aux races humaines?

Un jour viendra où les tronçons épars du germanisme terrassé se ressouderont en un nouveau bloc compact. Nous pourrons, contre cette coalition renaissante, faire jouer à nouveau notre système d'alliances; mais, qui ne sent que nous entrons-là dans un domaine d'idées dont la certitude est bannie!

L'aide que nous escomptons peut nous faire défaut; nous pouvons nous trouver seuls en face d'un groupe d'Allemagnes agressives.

Il serait bon que nous eussions, ce jour-là, plus et mieux que la ligne du Rhin comme unique sauvegarde. Il nous faudrait, de l'autre côté du fleuve, un état tampon qui serait la barrière respectée nous séparant des Huns menaçants.

Il serait neutralisé et devrait comprendre la plus grande partie du bassin Est du Rhin. Il pourrait être constitué par le grand duché de

Bade, le Hesse-Darmstadt, le Nassau, l'Est de la Prusse rhénane, l'ouest de la Westphalie, et être rendu homogène par quelques corrections géographiques appropriées. (*Note Y, page 70*).

Pour arracher cet état à l'emprise allemande, il faudrait confier aux nations alliées le contrôle de ses forces militaires et de sa politique extérieure.

Pour l'ouvrir à notre civilisation française, il faudrait y introduire progressivement l'usage de notre langue.

On aurait ainsi enlevé à l'Allemagne un groupement de populations d'environ 5 millions d'habitants et on aurait constitué, en face de nos marches de l'Est, une nation neutre, logiquement conçue, et qui, dans ses traditions respectées et son harmonieuse unité, continuerait à se sentir elle-même.

Ce pays bilingue ressortissant des cultures allemande et française deviendrait très florissant par ses conditions même d'existence.

Son commerce et son industrie se développeraient sans entraves, son transit extérieur serait assuré par les ports amis. sa richesse croîtrait dans la quiétude de sa vie économique ; et dans la situation privilégiée qu'il occuperait, il trouverait sans aucun doute des raisons de plus en plus péremptoires de ne pas regretter l'époque où il n'était que le féal sujet d'un empereur prussien.

Cet état tampon aurait le noble rôle d'être la sauvegarde des deux grandes nations qui l'enserreraient, d'éviter entre elles tout contact pouvant devenir source de guerres, et cependant de jouer son rôle de liaison pacifique.

Et à remplir cette mission, il deviendrait peut-être, le temps aidant, par dessus les flots du Rhin et par dessus les cimes de la Forêt Noire, le trait d'union béni entre la France généreuse et une Allemagne transformée.

Créons donc cet état tampon, isolateur des haines, générateur des apaisements, qui sera pour nous une Suisse Septentrionale.

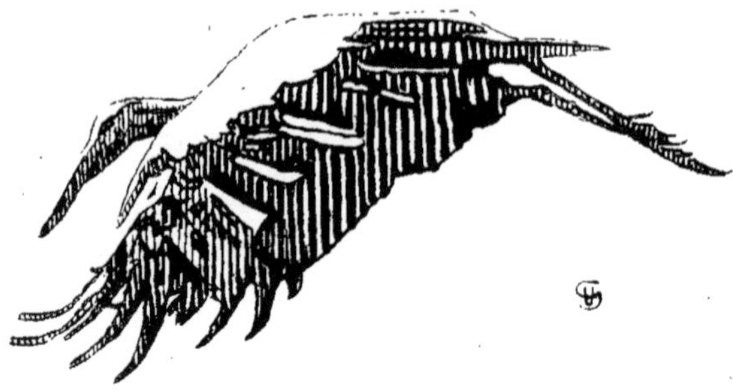

***

Il n'entre point dans mes vues de vouloir étudier ce que pourront être les autres conditions du traité de paix qui clora les hostilités en cours. (*Note Z, page 71*).

Je ne veux point envisager ce que deviendront les colonies allemandes, ni pronostiquer ce que sera le partage de la Turquie, ni prévoir les limites européennes qu'atteindront les divers pays qui nous sont alliés.

Je ne veux même pas effleurer les questions capitales des traités de commerce, ni celles des indemnités de guerre, des gages qui en garantiront le paiement, des échelonnements d'annuités auxquels il faudra recourir, etc.

Ce serait s'aventurer dans des prophéties qui seraient complètement en dehors du cadre de cet ouvrage.

Mon but a été de mettre en vedette les deux revendications essentielles qui dominent de si haut l'amoncellement des autres.

J'estime qu'il faut mettre nos compatriotes en présence du double but qui est pour nous obligatoire et que je définis ainsi :

Pour la France : l'accès à la rive du Rhin dans les conditions étudiées.

Pour l'Allemagne : son rejet de la vallée du Rhin par la création d'un état intermédiaire.

Rien ne doit nous détourner de cette décision. Nulle perspective ne doit nous la masquer. Dans les heures troubles que nous vivons, il est indispensable de voir clair devant soi.

Maintenant que l'ennemi, par des succès faciles, s'est ouvert le chemin de l'Islam, il faut nous fortifier dans la résolution de le terrasser pour toujours.

Ses victoires l'épuisent au même titre que des défaites, sans comporter pour lui des avantages permanents, et jamais une Roche tarpéienne n'aura été aussi près d'un Capitole !

Les rangs des austro-allemands s'éliment derrière les fronts qui s'étendent. La densité de leur défense décroît d'une façon continue.

Bientôt viendra l'heure où la volatilisation de leurs effectifs ne leur permettra plus d'alimenter en hommes la longue théorie des tranchées qu'ils doivent tenir, et alors, l'inévitable victoire, par les brèches qu'elle nous y ouvrira, nous conduira au cœur de la Germanie.

La digue que nous opposent les Allemands une fois rompue, c'est comme par un torrent qu'ils seront boutés hors de nos frontières et refoulés chez eux où nous dicterons nos volontés.

La bête traquée sera muselée alors pour toujours.

Que nos âmes se raidissent pour atteindre ces résultats ! Mais il faut les vouloir farouchement :

Jusqu'à notre dernier denier ;
Jusqu'à notre dernière cartouche ;
Jusqu'à notre dernier souffle.

Et alors, sans restrictions, nous les cueillerons comme des fruits mûrs dans l'apothéose de nos abnégations, de nos martyrs et de nos gloires.

Avril 1916.

NOTES

ET

ANNEXES

Note A.

Voici le texte de l'inoubliable protestation que l'Alsace-Lorraine, arrachée au sein de la France, fit entendre en 1871 :

« L'Alsace et la Lorraine..... ont scellé de leur sang l'indissoluble
« pacte qui les rattache à l'unité française..... elles affirment à travers
« tous les obstacles et tous les dangers, sous le joug même de l'enva-
« hisseur, leur inébranlable fidélité. Tous unanimes, les citoyens
« alsaciens et lorrains..... signifient à l'Allemagne et au monde l'im-
« muable volonté de rester Français. »

Et dans quelques mois, en fin de guerre, L'Alsace-Lorraine nous reviendra sans que durant ce demi-siècle, aucun acte émanant d'elle ait amené la prescription de l'éloquent manifeste par lequel elle avait marqué sa volonté de se conserver indéfiniment française.

Note B.

TABLEAU MONTRANT DE QUELS ÉLÉMENTS SONT COMPOSÉS LES TERRITOIRES ALLEMANDS SITUÉS SUR LA RIVE GAUCHE DU RHIN.

NOMS	SUPERFICIE	POPULATION	PAR KM.□
ALSACE-LORRAINE			
Basse-Alsace	4.786	700.938	146
Haute-Alsace	3.508	517.865	148
Lorraine	6.228	655.211	105
TOTAUX. . .	14.522	1.874.014	
AU SUD DE LA MOSELLE			
Palatinat Rhénan	5.928	937.085	158
Principauté de Birkenfeld	503	50.496	100
Hesse Rhénane	1.373	382.438	278
De la Prusse Rhénane :			
Partie Principauté Coblence	2.416	292.385	121
Partie Principauté Trêves	4.234	592.678	140
TOTAUX. . .	14.454	2.255.082	
AU NORD DE LA MOSELLE			
De la Prusse Rhénane :			
1. Principauté d'Aix-la-Chapelle. .	4.156	690.777	166
2. Partie Principauté Dusseldorf. .	2.951	1.841.617	624
3. Partie Principauté de Cologne. .	2.600	816.371	314
4. Partie Principauté Coblence. . .	2.001	242.192	121
5. Partie Principauté de Trêves . .	2.951	413.081	140
TOTAUX. . .	14.659	4.004.038	

Note C.

« L'Empire germanique, avec ses 65 millions d'habitants, ne peut « pas se permettre de tomber au niveau de la France qui n'en a que « 40 millions. »

Sous cette forme lapidaire autant que méprisante, Von Bernhardi a souligné la nécessité où nous nous trouvons d'égaliser l'importance des populations des deux pays.

Au lieu d'écrire des lignes outrecuidantes et injurieuses comme celles que je cite, nos littérateurs français, au contraire, ne tarissaient pas en éloges sur la Germanie.

Cet esprit de justice et de générosité qui nous fait reconnaître et proclamer les qualités de nos adversaires est une des supériorités de notre race, en même temps qu'une des causes de notre indéracinable vitalité.

On a bien souvent reproché aux Français d'aller trop loin dans cette voie et de se discréditer à plaisir devant leurs ennemis!

A tout prendre, cependant, d'estimer trop haut ses adversaires, évite les graves désillusions qu'éprouve l'Allemagne aujourd'hui.

Elle s'aperçoit à ses dépens, et trop tard pour elle, du danger que l'on court à méconnaître ceux que l'on veut abattre.

Note D.

Pour se rendre compte de ce que l'Allemagne avait l'intention de nous prendre, il ne faut pas considérer ce dont elle se contenterait aujourd'hui, où elle commence à douter d'elle, mais se souvenir de ce qu'elle exigeait aux premiers jours de la guerre.

Notre thèse d'annexion n'a pas varié; nous réclamons actuellement ce que nous avons toujours revendiqué.

Il n'en est pas de même de l'Allemagne qui, devant l'écroulement de ses espérances, atténue de plus en plus ses ambitions territoriales.

M. Georges Clémenceau a rapporté que le comte Von Bernstorff, ambassadeur d'Allemagne aux Etats-Unis, énumerait ainsi, en août 1914, ce que son pays exigerait de la France vaincue :

1° Toutes les colonies françaises, sans en excepter le Maroc, l'Algérie et la Tunisie;

2° Tout le pays compris entre Saint-Valery-sur-Somme et Lyon, soit 1/4 de la France et environ 15 millions d'habitants;

3° Une indemnité de 10 milliards;

4° Un traité de commerce permettant aux marchandises allemandes d'entrer en France sans payer aucun droit pendant vingt-cinq ans, sans réciprocité; après quoi, la continuation du traité de Francfort;

5° Promesse de la suppression, en France, du recrutement pendant vingt-cinq ans;

6° Démolition de toutes les forteresses françaises;

7° Remise par la France de trois millions de fusils, trois mille canons et quarante mille chevaux;

8° Droits de patente des brevets allemands, sans réciprocité, pendant vingt-cinq ans:

9° Abandon par la France de la Russie et de l'Angleterre;

10° Traité d'alliance de vingt-cinq ans avec l'Allemagne.

Ces dix commandements furent démentis par le comte Bernstorff, mais dans des conditions telles que le démenti porte peu.

Le socialiste Maximilien Harden, en novembre 1914, écrivait encore :

« Ce n'est pas contre notre volonté que nous nous sommes jetés « dans cette aventure gigantesque. Elle ne nous a pas été imposée par « surprise. Nous l'avons voulue, nous devions la vouloir...

« L'heure de l'Allemagne a maintenant sonné, et elle doit prendre sa « place de puissance dirigeante dans le monde.

« Nous resterons en Belgique et nous y ajouterons l'étroite bande de « territoire qui prolonge sa côte jusqu'à Calais. »

Le 20 mai 1915, les six grandes ligues de l'empire d'Allemagne : « Ligue des Agriculteurs », « Ligue des Paysans allemands », le groupement provisoire des associations chrétiennes de Paysans allemands, actuellement « Association des Paysans Westphaliens », « L'Union centrale des Industriels allemands », « La Ligue des Industriels », « L'Union des classes moyennes de l'Empire », adressaient au chancelier de l'Empire, après l'avoir soumise au Reichstag et aux gouvernements des différents états allemands, une pétition fort étendue qui énumérait les revendications diverses que les signataires exigeaient pour leur pays.

Après avoir spécifié la manière dont l'Allemagne devait se rendre maîtresse de la Belgique, la pétition ajoutait :

« Quant à la France, toujours en raison de notre situation vis-à-vis « des Anglais, il est pour nous d'un intérêt vital, en vue de notre ave- « nir sur mer, que nous possédions la région côtière voisine de la « Belgique, à peu près jusqu'à la Somme, ce qui nous donnera un « débouché sur l'océan Atlantique. L'Hinterland qu'il faut acquérir en « même temps doit avoir une étendue telle qu'économiquement et « stratégiquement les ports où aboutissent les canaux puissent prendre « leur pleine importance. Toute autre conquête territoriale en France, « en dehors de l'annexion nécessaire des bassins miniers de Briey, ne « doit être faite qu'en vertu de considérations de stratégie militaire. A « ce sujet, après les expériences de cette guerre, il est très naturel que « nous n'exposions pas nos frontières à de nouvelles invasions enne- « mies en laissant à l'adversaire les forteresses qui nous menacent, « surtout Verdun et Belfort, et les contreforts occidentaux des Vosges « situés entre ces deux forteresses. Par la conquête de la ligne de la

« Meuse et de la côte française avec les embouchures des canaux, on « acquerrait, outre les régions de minerais de fer déjà indiqués de « Briey, les territoires charbonniers des départements du Nord et du « Pas-de-Calais.

« Ces augmentations territoriales — la chose va de soi après l'expé- « rience faite en Alsace-Lorraine — supposent que la population des « territoires annexés ne sera pas en mesure d'obtenir une influence « politique sur l'Empire allemand, et que tous les moyens de puissance « économique existant sur ces territoires, y compris la propriété « moyenne et la grande propriété, passeront en des mains allemandes. « La France indemnisera les propriétaires et les recueillera. »

Peu après, ce fut l'élite intellectuelle de l'Allemagne qui souscrivit à ce programme.

Voici un extrait du manifeste qu'adoptèrent les professeurs de facultés, grands fonctionnaires, maires de grandes villes, anciens ministres, ministres, etc ..

« En ce qui concerne la France, nous voulons une fois pour toutes « en finir avec la menace et le danger français qui, de 1815 à 1870 et « de 1871 à 1915, s'est exprimé en cris de revanche; soyons attentifs à « ce fait, qu'après cette guerre, la France sera encore assoiffée de « revanche aussi longtemps qu'elle en aura la force; nous devons atti- « rer ce pays dans notre giron politique et commercial et améliorer « notre situation militaire et stratégique contre lui, donc, améliorer « toute la frontière occidentale de Belfort jusqu'à la côte; nous devons « conquérir, si possible, la partie de la côte française le long de la « Manche pour nous fortifier contre l'Angleterre et obtenir un meilleur « débouché sur les mers ouvertes.

« Pour que l'Allemagne n'ait plus d'ennemis dans ses frontières, « nous devons, contre indemnité, retirer tous les postes occupés par « des Français et des Alsaciens-Lorrains pour les donner à des Alle- « mands.

« Nous devons exiger de la France une forte indemnité. Rappelons- « nous que ce pays possède des colonies disproportionnées que « l'Angleterre s'appropriera si nous ne les prenons pas. »

De son côté, M. Paasche, vice président du Reichstag, « exigeait que « toutes les régions qui ont été arrosées du sang allemand soient réu- « nies à l'empire ».

Après ces revendications collectives, nous pouvons passer sous silence les innombrables revendications individuelles telles que celles de M. Kurd Von Stranz, réclamant, dès 1912 « la partie allemande de « la Lotharingie, les Flandres, la Lorraine, la Franche-Comté », ou

bien celle de la « Preussiche Kreuzzeitung » disant : « ce que l'Alle-
« magne a conquis par le sang des meilleurs de ses fils ne peut être
« restitué ».

Nous savons donc ce que l'Allemagne aurait exigé de nous, si elle avait pu être victorieuse. Dans ces conditions, qu'importe le langage nouveau que la prudence lui suggérera lorsque le spectre de la défaite commencera à se profiler sur son horizon. Nous savons que la guerre actuelle est sortie des désirs inavouables de conquête de la Germanie, et cela suffit à dicter notre conduite.

Note E.

Le 19 avril 1839, la Prusse, conjointement avec l'Autriche, l'Angleterre, la France, la Russie et la Belgique, signait à Londres un traité dont l'article 7 disait :

« La Belgique, dans les limites indiquées aux articles 1, 2 et 4,
« formera un Etat indépendant et perpétuellement neutre. Elle sera
« tenue d'observer cette même neutralité envers tous les autres Etats. »

Le 11 mai 1867, les mêmes puissances consacraient à Londres la neutralité du grand Duché de Luxembourg par un nouveau traité dont voici l'article 2 :

« Le Grand Duché de Luxembourg dans les limites déterminées par
« l'acte annexé au traité du 19 avril 1839, sous la garantie des cours de
« France, d'Autriche, de Grande-Bretagne, de la Prusse et de Russie,
« formera désormais un Etat perpétuellement neutre. Il sera tenu
« d'observer cette même neutralité envers tous les autres Etats. Les
« hautes parties contractantes s'engagent à respecter le principe de
« neutralité stipulé par le présent article. Le principe est et demeure
« placé sous la garantie collective des Puissances signataires du
« présent traité, à l'exclusion de la Belgique qui est elle-même un Etat
« neutre. »

Le 29 avril 1913, M. de Jagow, secrétaire d'Etat aux Affaires étrangères, déclarait :

« La neutralité de la Belgique est déterminée par des conventions
« internationales, et l'Allemagne est décidée à respecter ces conven-
« tions. »

Et le même jour, au Reichstag, le général de Heeringen confirmait ces paroles par les suivantes : « l'Allemagne ne perdra pas de vue que
« la neutralité belge est garantie par les traités internationaux ».

A la Haye, l'Allemagne signa les célèbres conventions de la Haye, dont les articles 1 et 2 stipulent :

« Le territoire des puissances neutres est inviolable. Il est interdit « aux belligérants de faire passer à travers le territoire d'une puissance « neutre des troupes ou des convois, soit de munitions, soit d'appro- « visionnements. »

IRONIE DES CHOSES ! — Les meilleurs commentaires de tous ces engagements d'honneur, signés ou pris par l'Allemagne, nous les trouvons :

D'abord dans le discours du 4 août 1914 de M. Bethmann-Hollweg, chancelier de l'Empire :

« Nos troupes ont occupé le Luxembourg, et peut-être déjà la « Belgique. Cela est contraire au droit des gens, mais lorsqu'on combat « comme nous pour le bien suprême, on s'en tire comme on peut. »

Ensuite dans les mémoires et manifestes présentés au chancelier allemand par les grandes ligues et les Intellectuels de l'Empire :

« Nous l'avons conquise au prix du plus noble sang allemand. Notre « peuple est unanime à la garder. Garder la Belgique, c'est sans aucun « doute, une question d'honneur pour nous ! »

Note F.

ATROCITÉS. — L'esprit reste confondu lorsqu'il constate à quel point de sauvagerie a pu descendre une race européenne se glorifiant de culture et de suprématie intellectuelles.

L'idée que ces violations d'humanité ont été préméditées comme tactique de guerre en augmente l'horreur.

Et c'est pourtant ce qui existe.

En 1902, l'Etat-Major de l'armée allemande a publié un manuel célèbre « Kriegsbrauch im Landkriege » pour mettre en garde l'officier allemand contre les conceptions humanitaires inspiratrices des conférences de Genève, de Bruxelles et de la Haye, et leur opposer la « coutume », les « traditions héréditaires de la race germanique. »

Des livres entiers ont été publiés qui relatent quelques-uns des meurtres, viols, pillages, incendies, tirs sur ambulances, emplois de projectiles et de moyens interdits, massacres d'otages, de femmes et d'enfants, trahisons de toutes sortes, forfaits de tous genres commis par les armées allemandes.

De cette multitude de violations de toutes les conventions acceptées je me contenterai de citer au hasard une demi-douzaine de faits seulement.

Ce sont tous des crimes collectifs entraînant la responsabilité absolue du commandement qui les a ordonnés ou tolérés !

Le 22 septembre 1914, les Allemands durent évacuer les environs de la tranchée de Calonne, dans laquelle ils avaient fait une cinquantaine de prisonniers français appartenant au 54e, 67e et 259e. Avant de partir ils forcèrent ceux-ci à se coucher à terre et les fusillèrent à bout portant.

*
* *

Le 10 septembre 1914, les Allemands s'emparèrent de Rambucourt-aux-Pots (Meuse) et trouvèrent derrière un talus quelques soldats français, du 106e d'infanterie, grièvement blessés. Après leur avoir enlevé ce qu'ils possédaient, ils les achevèrent presque tous à coups de crosse, à coups de baïonnette ou à coups de fusil à bout portant.

*
* *

En août 1914, sans provocation de la part des habitants de Nomeny, sans que les Allemands aient formulé de plainte contre le village, celui-ci fut complètement brûlé, sauf deux maisons. Environ 150 personnes sur 1.300 furent assassinées, et parmi elles des femmes, des enfants, des vieillards.

*
* *

A Metten, des soldats allemands pénétrèrent dans une maison d'où ils pensaient qu'on avait tiré sur eux. Ils n'y trouvèrent que deux femmes et un petit enfant. Les soldats apitoyés par les femmes qui pleuraient leur promirent la vie sauve et les conduisirent au commandant Kastendick et au capitaine Dültingen, qui firent fusiller les femmes d'abord, le bambin ensuite.

*
* *

Extrait du carnet du soldat Hassemer relatant le massacre de soldats et de civils à Sommepy :

« 3 septembre..... Horrible carnage. Le village entièrement brûlé.
« Les Français jetés dans les maisons en flammes, les civils brûlés
« avec tout le reste. »

*
* *

Extrait du carnet du soldat Scheufele Carl, relatant la destruction du village de Saint-Maurice (Meurthe et-Moselle), le 19 août 1914 :

« ..... Puis les uhlans mirent le feu, maison par maison. Ni homme, « ni femme, ni enfant ne pouvaient sortir ; on se contenta d'emmener « la plus grande partie du bétail, parce qu'on pouvait en tirer parti. — « Qui se risquait à sortir était abattu à coups de fusil. Tout ce qui se « trouvait d'habitants dans le village fut brûlé avec lui. »

***

Voici une déposition de témoin :

« Le 23 août 1914, je suis allé avec deux amis, X... et Y..., pour « voir ce que nous pourrions voir. A environ trois heures de Malines, « nous fûmes faits prisonniers par une patrouille allemande : un offi- « cier et six hommes, et entraînés dans un petit bois de jeunes arbres « où il y avait une maison. L'officier parlait flamand. Il frappa à la « porte ; le paysan n'arrivait pas. L'officier ordonna aux soldats d'en- « foncer la porte, ce que deux d'entre eux firent. Le paysan survint « et demanda ce qu'ils faisaient. L'officier dit qu'il n'était pas venu « assez vite et qu'il en avait « dressé » beaucoup d'autres. Les mains « lui furent liées derrière le dos, et il fut tué sans un moment de répit. « La femme sortit avec un nourrisson. Elle déposa l'enfant et sauta « comme une lionne sur les Allemands. Elle griffa leurs visages. Un « des Allemands prit un fusil et lui assèna un coup de crosse formi- « dable sur la tête. Un autre saisit sa baïonnette et la passa au travers « de l'enfant. Il mit enfin son fusil sur l'épaule avec l'enfant au-dessus ; « les petits bras se tendirent une ou deux fois. L'officier donna l'ordre « de mettre le feu aux maisons. »

***

Le 18 septembre 1914, dans un château de la commune de la Ferté-Gaucher, un officier et 4 hommes, après s'être fait servir à souper, violèrent deux femmes qui s'y trouvèrent. Le propriétaire du château fut fusillé pour avoir tenté de les défendre, après quoi, l'officier remit une des femmes aux trois soldats qui l'emmenèrent dans une grange où elle dut passer la nuit avec eux ; et lui même contraignit la seconde femme à coucher avec lui.

***

L'enquête officielle anglaise sur la conduite des armées allemandes en Belgique et en France s'exprime ainsi au sujet des viols :

« Les cas de viols, quelquefois sous menace de mort, sont nombreux « et clairement prouvés..... Ils furent souvent accompagnés de cruau- « tés, et le massacre de femmes, après avoir été violées, est plus d'une « fois attesté d'une façon croyable. » Et les enquêteurs officiels anglais terminent leur rapport par cette phrase terrible :

« Le meurtre, le dérèglement et le pillage prévalurent dans maintes « parties de la Belgique à un degré inégalé dans aucune guerre entre « des nations civilisées au cours des trois derniers siècles. »

Note G.

L'Ame de l'Allemagne (d'après les grands Allemands) :

Sous ce titre, le *Matin* a publié une série d'opinions allemandes. Ce qui fait leur importance, c'est qu'elles émanent des dirigeants moraux de l'Allemagne.

Je me permettrai de glaner quelques-unes de ces citations en y joignant quelques autres.

* * *

Le Prussien est naturellement cruel, la civilisation le rendra féroce.

GŒTHE.

* * *

Une coalition de la France et de la Russie peut être vaincue avec nos seules forces si, sans hésitation et sans scrupules, nous nous élevons dans la guerre à un usage plus grand de la violence.

Général Von FALKENHAUSSEN.

* * *

A un moment donné, un allié peut abandonner son allié, même au milieu d'une action commune, si les avantages du résultat cessaient d'être en proportion avec les sacrifices, ou si la part de gloire et de bénéfice ne répondait pas à son attente.

BISMARCK.

* * *

Bénie soit la main qui a falsifié la dépêche d'Ems.

Professeur H. DELBRUCK.

* * *

L'Allemagne doit être l'agent provocateur et brouiller les cartes de manière que les autres soient obligés d'attaquer.

Général Von BERNHARDI.

* * *

Quand la guerre nationale a éclaté, le terrorisme devient un principe militairement nécessaire.

Général Von HARTMANN.

***

Offrir à une nation les avantages d'un service secret d'espionnage, ce n'est pas dépenser de l'argent ; on ne saurait, au contraire, imaginer un meilleur placement. D'ailleurs, notre glorieux Frédéric le Grand se vantait volontiers de n'avoir qu'un seul cuisinier et d'avoir cent espions.

Général Von RADOW.

***

Je n'éprouve aucun embarras à dire ici publiquement que le droit ne peut être pour l'Allemagne une considération déterminante.

Prince de BULOW.

***

Si l'on fait ce qui est nécessaire à l'intérêt national allemand, on n'a pas besoin de s'inquiéter si nos actes sont jugés immoraux en dehors des frontières allemandes.

Baron Von RHEINBABEN,
Ministre des Finances.

***

Soldats, non seulement vous harcellerez continuellement l'ennemi, non seulement vous l'exterminerez, mais vous massacrerez aussi les soldats isolés La guerre sanctifie tous les moyens, et les plus terribles sont les meilleurs.

Edit sur l'organisation du Landsturm.

***

Les Allemands ont des âmes de valets. BEBEL.

***

La guerre doit être un instrument dur et rude. Elle doit être aussi impitoyable que possible. C'est là, d'ailleurs, un principe de plus grande humanité Si l'on trouvait le moyen d'anéantir Londres tout entier, ce serait plus humain que de laisser « saigner » un seul Allemand sur le champ de bataille, attendu qu'un moyen aussi radical amènerait une prompte paix.

ERTZBERGER,
Député au Reichstag.

***

Les soldats allemands ne commettent aucun acte de cruauté indisciplinée. Manifeste des 93 intellectuels (1914).

***

Je signale à la réprobation des honnêtes gens les procédés ignobles de la Prusse, procédés qui violent les droits les plus légitimes et les plus sacrés. Je signale à l'indignation du monde entier son agression en pleine paix contre notre indépendance ; son acte arbitraire, inouï dans les fastes de l'histoire ; outrage fait à la morale publique, au droit des gens, au droit des traités et usages des nations civilisées.

GEORGES V,
Roi de Hanovre.

* * *

Si on désirait une paix plus profonde, il faudrait agir encore plus radicalement ; substituer à la guerre contre les armées la destruction des peuples. Général Von WALDERSEE.

Note H.

Par la loi du 30 mars 1793, la première République française avait divisé les territoires qu'elle avait conquis à l'Ouest du Rhin en quatre départements, qui étaient :

La Sarre, chef-lieu Trèves ;
Mont-Tonnerre, chef-lieu Mayence ;
Rhin et Moselle, chef-lieu Coblence ;
Roer, chef-lieu Aix-la-Chapelle.

Malgré l'affection que nous témoignaient ces régions nouvellement francisées, la Convention n'avait point voulu d'une assimilation trop étendue pour elles.

On vit alors tous ces « Allemands de France », ainsi qu'ils s'intitulaient, implorer leur intromission complète dans notre pays.

En 1797, le Directoire envoya Rudler enquêter sur leurs pétitions au titre de « Commissaire du Gouvernement dans les pays entre Meuse et Rhin, et Rhin et Moselle. »

Celui-ci organisa une sorte de plébiciste, auquel furent appelés à prendre part les chefs de famille.

A de très rares exceptions, tous les cantons exprimèrent un ardent désir d'être annexés totalement par nous.

L'adresse du canton de Niederolm se terminait ainsi : « Vous assu-« rerez le bonheur des générations futures en leur accordant irrévo-« cablement le titre de citoyen français actif et de frère, par une « réunion définitive. »

Celle du canton de Winnweiler concluait :

« Nous faisons à notre tour le serment de vivre libres et de nous

« montrer dignes de la Mère-Patrie qui, en nous adoptant pour ses « enfants, satisfait aux vœux que nous avons depuis longtemps mani- « festés. »

Dans beaucoup de cantons, l'unanimité fut absolue.

Dans la plupart des autres, l'opposition ne recueillit au plus que 10 % des votants ; nulle part elle n'eut la majorité.

Le Gouvernement français procédait à cette consultation délicate en pleine crise antireligieuse, alors que les questions de nationalité s'aggravaient de questions confessionnelles particulièrement dangereuses en ces régions où les ecclésiastiques avaient régné.

La plus grande liberté était laissée à ces populations rhénanes dans la manifestation de leurs sentiments, aussi doit-on considérer comme sincères les vœux qu'elles formulèrent.

Bien d'autres symptômes, d'ailleurs, révélaient la profondeur de l'attachement qu'elles portaient à la France ; c'est ainsi que l'on ne constatait pour ainsi dire pas de réfractaires dans les départements rhénans.

De nombreux écrivains allemands ont certifié la réalité de ces sympathies ; c'est ainsi que Goëthe a pu écrire :

« Ils gagnèrent bientôt, ces Français prépondérants, d'abord l'esprit « des hommes par leur ardente et vaillante entreprise, puis le cœur « des femmes par leur irrésistible aménité. »

Plus tard, Henri Scherer, Professeur au Gymnasium de Giessen, après avoir rappelé quelle prospérité la domination française avait amenée dans le Hesse, écrivait :

« Les populations de la Hesse rhénane avaient salué la Révolution « française comme une libératrice... Après leur annexion, elles n'ou- « blièrent pas les bienfaits de la domination française et conservèrent « les usages et les droits français. »

Il est permis de penser que les Hessois de demain se fondraient comme leurs ancêtres, et aussi facilement qu'eux, dans notre nationalité.

Note I.

En novembre 1813, Metternich et Nesselrode, parlant au nom des coalisés qui s'apprêtaient à envahir notre pays, déclaraient au Ministre de France, M. de Saint-Aignan, à Francfort, que :

« Les souverains coalisés étaient unanimement d'accord sur la « puissance et la prépondérance que la France doit conserver dans

« son intégrité en se renfermant dans ses limites naturelles, qui sont. « le Rhin, les Alpes et les Pyrénées. »

Note J.

En envisageant la possibilité d'extraire successivement des provinces conquises, pour les renvoyer en Allemagne, les habitants qui continueraient à nous être hostiles et à rester réfractaires à notre influence, nous ne ferions que suivre la méthode que les Allemands ont forgée pour la Pologne.

Ils rêvaient d'appliquer un traitement plus draconien encore aux départements français qu'ils voulaient conquérir.

Voici le paragraphe par lequel les intellectuels, industriels et agriculteurs allemands demandaient au chancelier de l'empire d'exproprier les habitants français des régions qu'ils voulaient annexer :

« Tous les moyens de puissance économique existant sur les terri-
« toires annexés, y compris la grande et moyenne propriété, passeront
« entre les mains allemandes.

« La France indemnisera les propriétaires et les recueillera. »

Note K.

Connu depuis 1700 environ, le bassin houiller de la Sarre n'avait été exploité longtemps que par ses affleurements.

Pour éviter sa mise en coupe d'une façon anti-méthodique, les princes allemands se l'adjugèrent en vertu des droits régaliens.

Les mines de la Sarre devinrent donc propriétés gouvernementales dès le XVIIIe siècle.

En 1797, lorsque la République conquit le Palatinat, il s'y trouvait 22 houillères en exploitation, dont 9 seulement étaient propriétés privées.

Les 13 autres charbonnages furent donnés en bail par le Directoire à un seul fermier qui en eut ainsi le monopole et qui en abusa.

Napoléon Ier, avec cette intuition géniale qui le guidait dans le règlement des questions économiques, discerna clairement l'importance que présentait pour la France ce bassin houiller.

Il en fit faire la reconnaissance, en encouragea et en facilita l'exploitation.

Pour le mettre scientifiquement en valeur, il créa pour lui un organe d'études : l'Ecole des Mines de Geislautern.

En 1812, il divisait le bassin de la Sarre en 64 concessions qui devaient être cédées, en réservant une participation de l'Etat aux bénéfices et en assurant la marche des industries locales.

La Prusse suivait avec une attention de convoitise le développement de cette exploitation houillère, et, en 1814, ses plénipotentiaires revendiquèrent âprement une délimitation qui leur abandonnait ce gisement dont la Restauration ne soupçonnait pas l'importance.

L'année suivante, le 20 novembre 1815, par le traité de Vienne, ils en parachevaient la reprise totale.

La France, privée dès lors de son plus important bassin houiller, en rechercha le prolongement sur son territoire même; et vers 1859, ses ingénieurs pouvaient annoncer qu'ils avaient déjà reconnu, en plus de 40 points, la présence d'une belle houille à 200 mètres environ de profondeur.

Ce gisement fut perdu à son tour par notre pays en 1870.

La Prusse, mettant en œuvre les études successives de nos compatriotes, donna une extension de plus en plus grande à l'exploitation des houillères de la Sarre.

Leur extraction était de :

En 1794	27.500 tonnes
1810	75.000 —

Elle atteignit :

En 1860.	1.955.961 tonnes
1870.	2.734 019 —
1875.	4.482.000 —
1900.	9.307.000 —
1915.	13.000.000 —

Depuis quelques années, leur production est restée relativement stationnaire, car la Prusse ne les exploite pas intensivement.

D'abord, exportatrice de houille, cette nation ne fait des charbonnages de la Sarre qu'un modérateur des prix des charbons, et intéressée aux fructueuses ventes, elle ne veut pas provoquer une baisse de prix des combustibles par une extraction exagérée de ces derniers.

Ensuite, ces houillères fiscales exploitées par l'Etat fournissent du charbon à un prix de revient supérieur à celui auquel le produisent les houillères privées de la Westphalie ou de la Silésie.

Pour excuser cette cherté d'exploitation, les dirigeants des mines fiscales prétendent que le gisement palatin est d'une exploitation plus ingrate que celle des autres bassins houillers allemands.

Quoiqu'il en soit, il possède des réserves énormes que l'on évalue à 16 milliards 1/2 de tonnes, c'est-à-dire à la totalité des réserves de l'ensemble des charbonnages français.

Il s'étage sur 160 couches de houille ayant une épaisseur totale d'environ 90 mètres.

Sa superficie est de 1.500 kilomètres carrés auxquels il faut ajouter 500 à 600 kilomètres carrés non encore concédés.

Les charbons qu'il donne sont gras et flambants, assez cendreux; quelques qualités fournissent de bons cokes.

Il est une considération qui, à défaut de toute autre, nous imposerait l'obligation de devenir les possesseurs des houillères de la Sarre.

On peut poser en principe que quiconque admet le retour de l'Alsace-Lorraine à notre patrie doit, par le fait même, admettre l'annexion de toutes les régions minières avoisinantes.

L'Alsace et la Lorraine sont devenues si intensivement industrielles que le problème de l'alimentation de leurs usines se pose d'une façon impérieuse.

Quelle houille consommeront-elles? Déjà, avant 1870, toujours plus menaçante d'année en année, se dressait devant elles la question du charbon! Et nous sentions alors s'alourdir de plus en plus les incommensurables conséquences de la faute commise par la Restauration, qui n'avait point su nous conserver ce gisement indispensable.

Mais, maintenant, ce serait pire.

Comment admettre l'idée que non seulement nos industries actuelles de l'Est, mais encore toutes les industries recouvrées de l'Alsace-Lorraine continueraient à dépendre exclusivement des charbons prussiens?

Ce serait laisser notre développement industriel à la discrétion de notre ennemi.

Qui pourrait accepter une situation aussi intolérable?

Note L.

Ce n'est pas que les autres richesses du sol et du sous-sol soient négligeables. Loin de là!

Les massifs des Vosges, de la Hardt, de Hunsrück, et, le cas échéant, de l'Eiffel, viendraient, avec leurs forces hydrauliques, grossir les trésors de houille blanche et de houille verte que notre pays possède, et qui sont déjà parmi les plus considérables de l'Europe.

Le tréfonds des provinces rhénanes fournit des eaux minérales, du plomb, du cuivre, du zinc, du cinabre, etc...

Les exploitations de lignite y rivalisent avec celles du charbon.

Au nord de la Moselle, en arrière de Bonn et jusqu'auprès d'Aix-la-Chapelle, s'étend un bassin houiller remarquable considéré comme le prolongement de celui de Westphalie.

Le tonnage de son extraction dépasse nettement celui des mines de la Sarre.

Les gîtes de sels potassiques de Nonenbrück, près de Cernay, en Alsace, sont un de ces trésors souterrains plus riches que ceux même des contes des mille et une nuits

Une vingtaine d'exploitations se sont ouvertes sur ce jeune gisement qui deviendra un second Stassfurt.

Le gouvernement impérial s'était ému de l'intérêt que prenait l'étranger à cette extraction des sels de potasse, et, jaloux de les conserver à l'agriculture allemande, il avait édicté des lois pour en entraver l'exportation.

Mais c'est surtout la reprise par nous du district ferrigène lorrain environnant Thionville qui serait grosse d'heureuses conséquences.

Non point que la France soit privée de minerais de fer, elle en est au contraire exportatrice; mais, en récupérant ceux que nous avions perdus en 1870, nous crèverions cette enflure métallurgique qui avait tant contribué à rendre l'Allemagne agressive et redoutable.

Notre voisine, en effet, extrayait de Lorraine annexée plus de 21 millions de tonnes de minerai de fer, soit 92/100 environ de ce que lui donnait la totalité de sa production.

Réduite à ses seules ressources, l'Allemagne serait dans la stricte obligation de restreindre considérablement sa métallurgie militaire et, par là même, sa puissance guerrière.

Note M.

Voici quelques poignées de citations qui prouveront à tout lecteur combien nos revendications du Rhin sont fondées :

La Gaule s'étend du Rhin aux Pyrénées et des Alpes à l'Océan. Les Germains habitent au delà du Rhin. Jules César.

*
* *

La Germanie est séparée de la Gaule par le Rhin.

Tacite.

*
* *

La Gaule est la terre favorite des convoitises éternelles des Germains.

Coriolis,
Légat de Vespasien.

*
* *

Le royaume de France a été depuis beaucoup d'années dépouillé de ses limites naturelles qui allaient jusqu'au fleuve du Rhin; le temps est venu d'y établir sa souveraineté.

CHARLES VII (1444).

*
* *

Il faut restituer à la Gaule ses limites naturelles

RICHELIEU.

*
* *

Il faut étendre nos frontières au Rhin de toutes parts.

MAZARIN.

*
* *

Il est notoire que les habitants de l'Alsace sont plus français que les Parisiens..., soit qu'on les laisse au pouvoir du roi de France, qu'ils adorent; soit qu'on lui en ôte les biens et revenus, on ne lui pourra pas ôter les cœurs d'autre manière que par une chaîne de deux cents ans.

VON SCHMETTAU,
Ambassadeur de Frédéric Ier, roi de Prusse,
auprès de Louis XIV.

*
* *

Il serait à désirer que le Rhin pût continuer à faire la lisière de la monarchie française.

FRÉDÉRIC II,
Roi de Prusse.

*
* *

Le Rhin était la limite naturelle de la France.

FORSTER,
Chef des Mayençais.

*
* *

La France ne peut avoir de sécurité durable qu'avec la barrière du Rhin.

DUMOURIEZ (1792).

*
* *

C'est en vain qu'on veut faire craindre de donner trop d'étendue à la République. Les limites de la France sont marquées par la nature; nous les atteindrons dans les quatre points : à l'Océan, au Rhin, aux Alpes, aux Pyrénées.

DANTON.

*
* *

Les frontières de la République française doivent être portées au Rhin. Ce fleuve, l'ancienne limite de la Gaule, peut seul garantir la paix entre la France et l'Allemagne.

(Instructions du Comité du Salut public à ses agents, le 15 janvier 1795).

*
* *

Il n'y a pas plus de différence entre les provinces rhénanes et notre nation qu'il y en a des départements du midi à ceux du nord.

ROBERJOT (27 prairial, an III),
Conventionnel envoyé en mission
dans les nouveaux départements rhénans

*
* *

Les limites anciennes et naturelles de la France sont le Rhin, les Alpes et les Pyrénées.

Lazare CARNOT.

*
* *

La France reprendra, tôt ou tard, ses limites naturelles, celles du Rhin, qui sont un décret de Dieu, comme les Alpes et les Pyrénées.

NAPOLÉON Ier (Mars 1815).

*
* *

La France sera renfermée entre le Rhin, les Alpes et les Pyrénées.

METTERNICH (Conférence de Francfort).

*
* *

Considérez un moment combien la possession de la rive gauche du Rhin a, de votre part, un caractère hostile pour nous.

En occupant ce bord, vous ne pouvez vous empêcher de paraître menacer, car vous avez le pied sur notre seuil. Vous êtes chez nous.

Vous pourriez pénétrer jusqu'à notre foyer sans rencontrer un seul obstacle tant le piège a été bien ourdi.

QUINET (1840).

*
* *

Je n'aurais aucune difficulté à souscrire à la France la cession de tout le pays compris entre Rhin et Moselle, le Palatinat, Birkenfeld, et une partie de la province prussienne.

BISMARCK, à Gavone (1865).

*
* *

Ces deux provinces (Alsace et Lorraine), donnant accès sur le versant occidental des Vosges, faciliteraient et abrégeraient la marche des Allemands sur Paris qui, alors, ne serait séparé de l'Allemagne que par une distance de 280 kilomètres à vol d'oiseau.

BISMARCK (1870).

*
* *

Les Français n'ont occupé la province rhénane que moins de vingt ans, et, après soixante-dix ans, leurs traces n'y sont pas effacées.

GUILLAUME Ier,
Empereur d'Allemagne,
(1885).

*
* *

Sans le Rhin, la France n'est pas finie et ne saurait être stable.

Vicomte DE BONALD.

*
* *

Il faut rendre à la France ce que Dieu lui a donné.

Victor HUGO.

*
* *

Nos institutions et notre sympathie auront vite fait de reconquérir le Palatinat et l'Electorat de Trèves, qui nous ont beaucoup aimés... En 1950, les gens de Trèves seront aussi francophiles qu'ils l'étaient en 1830.

Maurice BARRÈS.

Note N.

Comment peut-on croire à la sympathie du socialisme international pour notre pays ? Par essence, il est anti-français.

Je ne parlerai pas de la Social-Démokratie allemande, à laquelle il serait naïf de reprocher son dévouement à sa patrie ; mais comment ne point constater que, aussi bien en Italie qu'en Angleterre et ailleurs, ce sont ces internationaux qui se sont le plus énergiquement opposés à l'enrôlement de leurs divers pays à nos côtés dans la croisade de liberté et de justice que nous soutenons.

Pourquoi donc donner voix à tous ces partis étrangers dans la discussion des conditions de paix qui sont, personne n'osera le contester, l'essence de la vitalité française ?

Il va de soi que ce n'est pas notre avenir qu'ils prendront en souci. Ils l'ont prouvé dans ce fameux Congrès de Londres, où nos intérêts primordiaux se sont effacés devant l'intransigeance du socialisme international.

Note O.

Auprès de la race germanique, nulle nation ne peut vivre en sécurité, si elle n'est de taille à lui résister.

La Pologne, le Danemark, la Belgique, la Serbie, le Monténégro ont vu ainsi leur faiblesse exploitée sans générosité par l'Allemagne; et nous-mêmes, quels dangers n'avons-nous pas courus du fait que, devenus moins puissants que notre voisine, nous nous refusions fièrement d'être à sa discrétion ?

Inlassablement, elle faisait naître des incidents du genre des affaires Schnaebelé, Crispi, Tanger, Casablanca, Agadir, etc...

N'avons-nous pas subi l'arrogance d'une Allemagne assez forte pour obtenir de nous, par une simple menace, le départ d'un ministre français qui la gênait, ou la remise d'une colonie française qu'elle convoitait ?

Il faut que le scandale de pareilles exigences ne puisse jamais ressusciter.

Note P.

Ed. Laskin a signalé que les mêmes intellectuels qui, avant la guerre, prêchaient la paix, signaient plus tard le manifeste mégalomane des 93, adressé au chancelier de l'empire vers le milieu de 1915.

Nous les entendrons à nouveau dans leur répertoire pacifique, mais qu'importe le langage qu'ils tiendront plus tard.

Leurs prétentions diminuent au fur et à mesure que leurs déceptions augmentent.

Il suffit qu'à la lueur fulgurante de ses ambitions déchaînées nous ayons pu entrevoir toute la duplicité insondable, toute la cupidité insatiable de l'âme allemande.

Nulle fraternité n'est possible avec elle. Il faut que dans l'abîme, qui s'est approfondi entre la Germanie et nous, gisent toutes les aberrations de politique confiante dont nous avons failli mourir.

Note Q

Il n'y a pas lieu, je crois, de s'attarder à discuter ici la solution idyllique des Etats Unis d'Europe, que l'on caresse avec complaisance dans certains cénacles. L'Europe n'est plus vierge et les Etats-Unis d'Europe ne peuvent y naître. Nulle commotion ne pourrait ni détruire ni amalgamer les races qui y existent. Pourrions-nous vivre du régime autocratique dans lequel les Allemands se complaisent ? Pourrions-nous imposer aux autres des pratiques républicaines qu'ils n'envient pas ?

L'exemple de l'Autriche, qui se décompose et qui réalise cependant en petit ce que pourraient être les Etats-Unis d'Europe, montre la fragilité de cette conception.

Réalisons avec nos alliés les Etats amis d'Europe et tenons-nous-en là.

Note R.

Il est intéressant de comparer les deux groupements ennemis, non seulement dans leurs compositions européennes, mais avec l'appoint, pour chacun d'eux, des colonies dont ils peuvent disposer

Or, si les Allemands peuvent user encore de la Turquie d'Asie, ils ne peuvent plus se servir de leurs propres colonies dont ils sont séparés et qui leur ont été à peu près totalement enlevées. Il en va tout autrement pour nos amis et pour nous-mêmes.

Voici ces tableaux que l'on ne saurait trop mettre sous les yeux des défaillants et des pessimistes :

GROUPEMENT DES ALLIÉS.

NOMS	SUPERFICIE EN KM. □	POPULATION TOTALE	DENSITÉ par km□	Observation
France	536.464	39.601.599	74	Les dernières guerres balkaniques avaient porté la surface de la Serbie à 87.300 km. □; la surface du Monténégro à 14.180 km. □.
Colonies Françaises	10.491.200	53.909.000		
Angleterre	314.377	45.370.550	169	
Colonies Anglaises	29.703.800	376.684.800		
Russie d'Europe	4.889.060	120.588.000	24	
Russie d'Asie	17.667.460	48.746.200		
Italie	286.682	34.671.377	121	
Colonies Italiennes	1.475.660	1.596.000		
Belgique	29.451	7.423.784	254	
Colonies Belges	2.365.000	15.000.000		
Serbie	48.303	2.957.207	61	
Monténégro	9.080	285.000	31	
Portugal	88.740	5.547.708	62	
Colonies Portugaises	2.093.000	9.280.000		
Japon	417.396	46.541.976	103	
TOTAUX	70.415.673	808.203.201		

Groupement Germanique.

NOMS	SUPERFICIE EN KM. □	POPULATION TOTALE	DENSITÉ PAR KM. □
Allemagne	540.858	64.925.993	120
Autriche-Hongrie	676.616	51.390.223	76
Bulgarie	114.000	4.766.900	42
Turquie d'Europe	26.100	1.891.000	68
Asie Mineure	501.400	10.940.765	21
Arménie et Kurdes	186.500	2.357.436	13
Arabie	441.100	1.050.000	8
Totaux	2.186.574	137.322.317	

Le tableau suivant montre l'importance des Colonies allemandes que les troupes alliées ont déja conquises.

NOMS	SUPERFICIE EN KM □	POPULATION DE COULEUR	POPULATION BLANCHE
Togo	87.200	1.003.240	372
Cameroun	790.000	2.540.125	1.537
Sud-Ouest Africain	835.100	87.770	14.816
Afrique Orientale	995.000	7.510.800	1.866
Nouvelle-Guinée allemande	242.476	609.200	1.278
Iles Samoa	2.572	37.480	500
Territoire affermé de Kiao-Tchéou	552	192.000	4.470
Totaux	2.952.900	11.980.615	27.839

Note S.

La Hollande ne peut que gagner à remonter le Rhin et à voir la question rhénane perdre son caractère uniquement « Hollandais Allemand » pour devenir « Européenne ».

Sans cela, les Pays-Bas courraient grand risque d'être un jour ou l'autre expulsés du Delta du Rhin.

Martin Spahn. Professeur à l'Université de Strasbourg, dans une brochure intitulée : « La Lutte pour notre avenir », écrivait, au printemps 1915, après avoir demandé que la France fut réduite à ce qu'elle était au moyen-âge. « En tous cas, il est essentiel que l'Allemagne s'assure la possession de l'embouchure du Rhin. »

Et sous une forme plus diplomatique, en mai 1915, le roi de Bavière proclamait :

« Quand les Anglais ont déclaré la guerre, j'ai dit : « Je suis content », car maintenant nous pourrons régler nos comptes avec nos ennemis, et nous pourrons au moins nous assurer avec la mer des communications plus favorables pour l'Allemagne centrale et l'Allemagne du Sud. »

La presse allemande, commentant le discours, disait plus crûment :

« Il faut un estuaire allemand du Rhin. »

Et la *Gazette de Cologne*, en février 1915, ajoutait :

« Il faut tout de suite réaliser, avec ou contre le gré de la Hollande, la grande voie de communication du Rhin moyen avec l'Escaut, en rendant la Meuse navigable entre Visé et Maëstricht. »

On ne peut pas se servir plus galamment des villes et territoires ne vous appartenant pas !

Note T.

La Belgique, en 1914, avait une superficie de 29.451 km. □ et une population de 7.423.784 habitants, soit 254 par kilomètre □.

Voici, au point de vue « langues », comment se répartissait cette population, une des plus denses qui fût :

3.220.662	personnes ne parlaient que le flamand,		
2.833.334	—	—	que le français,
871.288	—	—	que flamand et français,
74.993	—	—	que français et allemand,
31.415	—	—	qu'allemand,
8.652	—	—	que flamand et allemand,
52.547	—	parlaient les trois langues,	
330.893	—	non classées ci-dessus ou jeunes enfants.	
7.423.784			

Note U.

Le lecteur trouvera ci-dessous, groupés suivant un ordre géographique, les Subdivisions administratives des provinces rhénanes dont il est parlé au courant de cet ouvrage.

PRUSSE RHÉNANE

fait partie de la Prusse

La Prusse Rhénane se divise en cinq Principautés :

Aix-la-Chapelle . .	4.156 km. □	690.777 hab., soit	166 au km. □
Dusseldorf	5.475 —	3.418.388 —	624 —
Cologne.	3.978 —	1.249.540 —	314 —
Coblence	6.208 —	753.301 —	121 —
Trèves	7.184 —	1.009.134 —	140 —

PRINCIPAUTÉ D'AIX-LA-CHAPELLE

Tous les cercles se trouvent sur la rive gauche du Rhin

	Km. □
Aix-la-Chapelle (ville) . . .	30.38
Aix-la-Chapelle (territoire) .	338.78
Düren	564.00
Erkelenz	288.96
Eupen	175.88
Geisenkirchen	196.78
Heinsberg.	243.49
Juliers	318.41
Malmédy	813.89
Montjoie	361.53
Schleiden	824.00

PRINCIPAUTÉ DE DUSSELDORF

Cercles de la rive gauche du Rhin

Cleves	508.11
Crefeld (ville)	20.74
Crefeld (territoire)	165.18
Geldern.	543.03
Grevenbroich	220.00
Kempen.	395.67
Moërs.	564.76
München Gladbach (ville)	12.00
München Gladbach (territoire	228.28
Neuss.	293.54

Cercles de la rive droite du Rhin

Barmen (ville).	21.72
Duisbourg (ville)	37.53
Dusseldorf (ville)	48.64
Dusseldorf (territoire) . . .	362.09
Elberfeld (ville)	29.00
Essen (ville).	19.00
Essen (territoire)	179.86
Lennep	275.59
Mettmann.	249.55
Mülheim-a-Ruhr.	88.67
Oberthausen (ville)	17.36
Ress	523.82
Remscheid (ville)	27.75
Ruhrort.	329.56
Solingen (ville)	21.75
Solingen (territoire)	291.80

PRINCIPAUTÉ DE COLOGNE

Cercles de la rive gauche du Rhin

Bergheim.	365.00
Bonn	304.36
Cologne (ville).	7.98
Cologne (territoire).	445.37
Gummersbach.	325.41
Euskirchen	366.37
Mülheim	388.42
Rheinbach	397.00

Cercles de la rive droite du Rhin

Siegbourg.	766.00
Waldbroel	300.09
Wipperfurth	312.00

PRINCIPAUTÉ DE COBLENCE

Cercles de la rive gauche du Rhin et de la rive gauche de la Moselle

Adenau.	550.00
Ahrweiler.	371.59
Kochem.	503.00
Mayen	577.00

Cercles de la rive gauche du Rhin et de la rive droite de la Moselle

Coblence	274.00
Kreutznach	557.01
Meisenheim	176 40
Saint-Goar	466.00
Simmern	571.00
Zell	372.00

Cercles de la rive droite du Rhin

Altenkirchen	638.00
Neuwied	621.00
Wetzlar	531.00

PRINCIPAUTÉ DE TRÈVES

Cercles de la rive gauche de la Moselle

Bittbourg	780.50
Daun	610.41
Prüm	918.85
Wittlich	640.82

Cercles de la rive droite de la Moselle

Berncastel	668.80
Merzig	418.15
Ottweiler	307.00
Saint-Wendel	537.25
Sarrebourg	453.93
Sarrebruck	386.00
Sarrelouis	443.87
Trèves (ville)	60.42
Trèves (territoire)	958.00

HESSE RHÉNANE

(fait partie du Grand Duché de Hesse)

Tous les cercles sont sur la rive gauche du Rhin et sur la rive droite de la Moselle

Alzey	312.00
Bingen	196.00
Mayence	197.00
Oppenheim	333.00
Worms	335.00

PALATINAT RHÉNAN

(fait partie de la Bavière)

Tous les cercles sont sur la rive gauche du Rhin et sur la rive droite de la Moselle

Bergzabern	464.86
Frankenthal	286.54
Germersheim	469.84
Homburg	546.02
Kaiserslautern	645.95
Kircheimbolanden	589.87
Kusel	431.93
Landau	352.26
Ludwigshafen	176.73
Neustadt	537.00
Pirmasens	753.00
Spire	158.00
Zweibrücken (Deux-Ports)	516.00

PRINCIPAUTÉ DE BIRKENFELD

(fait partie du grand Duché d'Oldenbourg)

Tous les baillages sont sur la rive gauche du Rhin et sur la rive droite de la Moselle

Birkenfeld.
Herrstein.
Niederbrombach.
Nohfelden.
Oberstein.

Note V.

Voici un extrait de « l'Allemagne Napoléonienne » de Lavisse et Rambaud :

Il se rapporte à la situation des provinces rhénanes de la rive gauche du Rhin à la fin du premier Empire :

« Les mariages entre les immigrés français et les anciennes familles
« devenaient plus fréquents. On calculait que dans deux générations
« la fusion serait complète et que la population tout entière serait
« française de toute son âme, sincèrement, comme elle avait été alle-
« mande. Pendant l'hiver de 1813 à 1814, il n'y a pourtant qu'un
« quart de siècle qu'ils sont réunis à la France, mais depuis lors, tant
« de changements se sont accomplis et le passé est si bien aboli ! Ce
« qui domine, c'est l'anxiété ; la terreur de l'avenir ! « Au revoir ! Au
« revoir ! » crient les habitants de Bonn aux bataillons français qui
« s'éloignent ; et pourtant, Bonn était une des villes qui avaient le plus
« souffert de la domination étrangère. »

Note X.

En février 1914, l'historien allemand Dietrich Schoffer écrivait :

« Il nous sera alors possible de constituer au centre de l'Europe,
« sous l'hégémonie austro-allemande, une collectivité d'Etats allant du
« Cap Nord à la Méditerranée et assurant la vie et la paix à chacun de
« ses membres. »

« Arc-boutée sur cette vaste plateforme continentale, l'Allemagne
« sera en mesure de régler ses relations avec la Grande-Bretagne dans
« le sens qu'elle désire. »

Déjà en 1913, le Président de la Ligue pangermanique, M. Class, avait dit à Leipzig :

« La journée de Versailles n'est que le commencement d'un groupe-
« ment plus large de tous les Allemands de l'Europe centrale en une
« unité qui leur permettra de résister à toutes les tempêtes de l'avenir. »

Note Y.

TABLEAU MONTRANT LES DUCHÉS OU PROVINCES OU PARTIES DE PRINCIPAUTÉS AVEC LESQUELS POURRAIT ÊTRE CONSTITUÉ UN ETAT NEUTRE SUR LA RIVE DROITE DU RHIN.

NOMS	SURFACE EN KM. □	POPULATION	POPULATION AU KM. □
Grand Duché de Bade	15.070	2.142.833	142
Du Hesse Darmstadt :			
1° Le Starkenbourg.	3.027	590.380	195
2° Le Hesse supérieur.	3.288	309.233	94
Du Hesse Nassau :			
1° Wiesbaden	5.618	1.212.968	216
De la Prusse Rhénane :			
1° Partie de Principauté de Coblence à l'est du Rhin.	1.790	216.590	121
2° Partie de Principauté de Cologne à l'est du Rhin	1.378	432.720	314
3° Partie de Principauté de Dusseldorf à l'est du Rhin.	2.524	1.574.782	624
TOTAUX. . .	32 695	6.479.506	

Pour donner plus d'homogénéité à ce nouvel Etat tampon, il y aurait lieu de lui adjoindre quelques cantons à prélever : en Westphalie, dans le Munsterland ; en Wurtemberg, dans la Forêt Noire et le Neckar.

Note Z.

L'Allemagne et l'Autriche-Hongrie ont cherché avec persévérance la guerre actuelle. Elles en paieront la fin avec les meilleures de leurs provinces. Voici deux tableaux qui permettront au lecteur d'étudier les importances intrinsèques et relatives des cessions territoriales qui seront imposées à nos adversaires.

Allemagne.

ETATS	CAPITALES	SUPERFICIE EN KM. □	POPULATIONS	PAR KM. □
Royaume de Prusse	Berlin	348.780	40.165.219	115
— Bavière	Munich	75.870	6.887.291	91
— Saxe	Dresde	14.993	4.806.661	320
— Wurtemberg	Stuttgart	19.507	2.437.574	125
Grand-Duché de Bade	Karlsruhe	15.070	2.142.833	142
— Hesse	Darmstadt	7.688	1.282.051	167
— Mecklembourg	Schwerin	13.127	639.958	49
— Saxe-Weimar	Weimar	3.610	417.554	116
— Mecklembourg-Strelitz	Neustrelitz	2.930	1.064.442	36
— Oldenbourg	Oldenbourg	6.429	483.012	75
Duché de Brunswick	Brunswick	3.672	491.339	135
— Saxe-Meinengen	Hildburghausen	2.468	278.357	113
— Saxe-Altenbourg	Altenbourg	1.324	216.128	144
— Cobourg-Gotha	Cobourg	1.977	257.177	130
— Anhalt	Dessau	2.299	331.128	144
Principauté de Schwarzburg-Sondershausen	Sondershausen	862	89.917	104
Principauté de Rudolstadt	Rudolstadt	941	100.702	107
— Waldeck	Arolsen	1.121	61.707	55
Etats de Reuss (branche aînée)	Greisz	316	72.769	230
— (branche cadette)	Gera	827	152.752	185
Principauté Schaumburg-Lippe	Buckeburg	340	46.652	137
— Lippe	Detmold	1.215	150.937	124
République Municipale de Lubeck	Lubeck	297	116.599	391
— — Brême	Brême	256	299.526	1.167
— — Hambourg	Hambourg	415	1.014.664	2.448
Alsace-Lorraine	Strasbourg	14.522	1.874.014	129
Totaux		540.856	64.925.993	120

AUTRICHE-HONGRIE.

ETATS	SUPERFICIE EN KM. □	POPULATIONS	PAR KM. □
AUTRICHE			
Basse-Autriche	19.825	3.531.814	178
Haute-Autriche	11.982	853.006	71
Salzbourg	7.153	214.737	30
Styrie	22.425	1.444.157	64
Carinthie	10.326	300.200	39
Carniole	9.954	525.995	53
Territoire de Trieste	95	229.510	
Goritz et Gradisca	2.918	260.721	89
Istrie	4.956	403.566	81
Tyrol	26.683	946.613	35
Vorarlberg	2.602	145.408	57
Bohême	51.947	6.769.548	130
Moravie	22.221	2.622.271	118
Silésie	5.147	756.949	147
Galicie	78.500	8.025.675	102
Bukovine	10.441	800.098	77
Dalmatie	12.831	645.666	50
HONGRIE			
Hongrie	282.870	18.264.533	65
Croatie et Slavonie	42.541	2.621.954	62
BOSNIE-HERZÉGOVINE			
Bania Louka	9.018	403.817	45
Bihac	5.603	229.071	41
Saraievo	8.405	288.061	34
Touzia	8.918	425.496	48
Travnik	10.116	284.561	29
Mostar	9.139	267.038	29
TOTAUX	676.616	51.266.465	76

OUVRAGES CONSULTÉS

Almanach de Gotha 1914.

Bulletin du Comité des Houillères françaises.

Dictionnaire de Géographie, par Vivien de Saint-Martin.

Dictionnaire de Géographie et de Statistique, par Ritter.

Géographie de l'Allemagne, par Malte-Brun.

Histoire générale du IVe siècle à nos jours, par Lavisse et Rambault.

La conduite des armées allemandes en Belgique et en France, par Henri Davignon.

La Frontière du Rhin, par C. M. Savarit.

Le Rhin français, par le Commandant Espérandieu.

Les grands Traités politiques, par Pierre Albin.

Les Frontières lorraines et la Force allemande, par Fernand Engerand.

Les violations des lois de la guerre par l'Allemagne, Ministre des Affaires étrangères.

Leur but : La France démembrée, par C. M. Savarit.

TABLE DES MATIÈRES

IMPRIMERIE ADMINISTRATIVE DES VOSGES

8-10, Rue d'Ambrail, 8-10

EPINAL

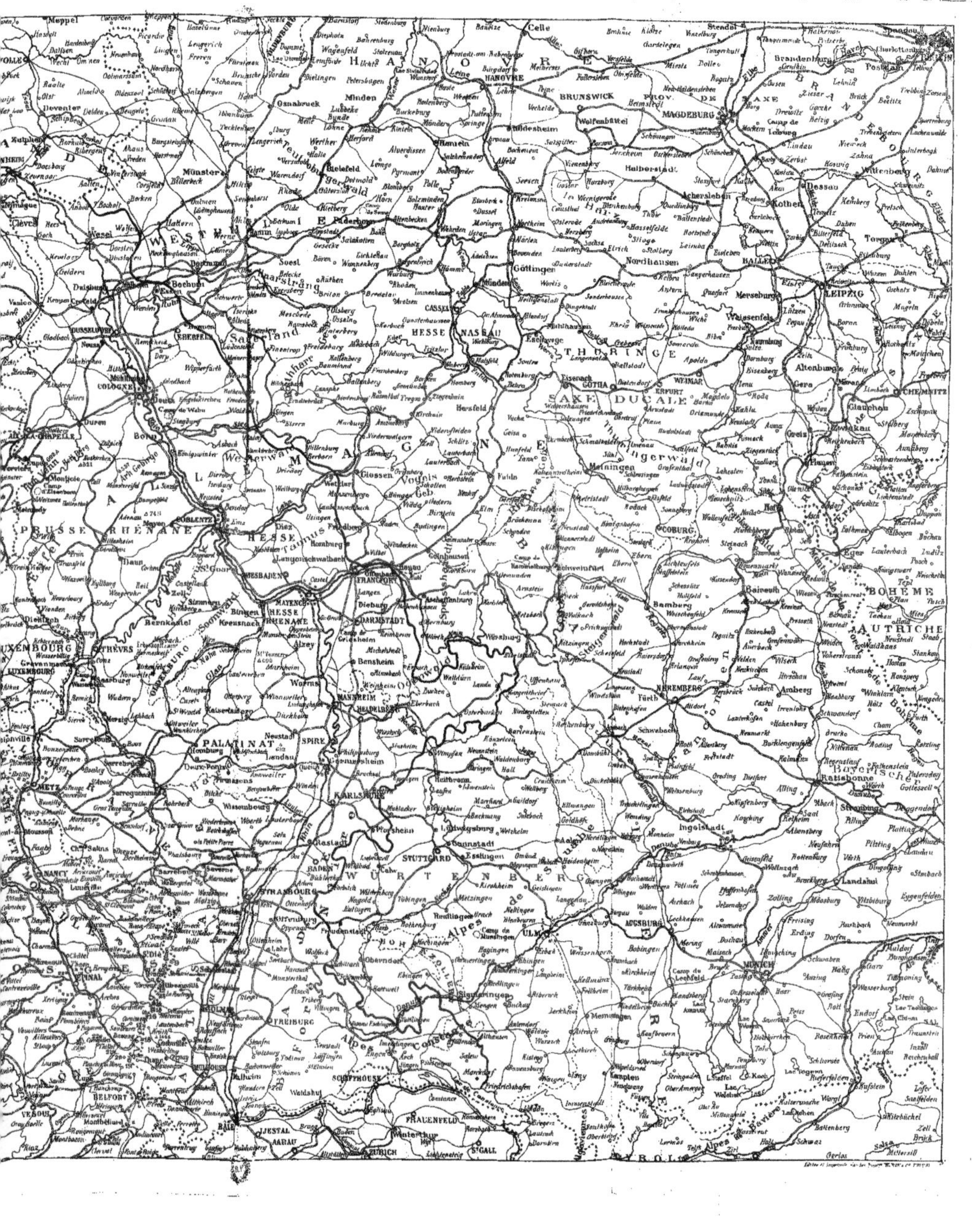
HANOVRE
BRUNSWICK
MAGDEBURG
LEIPZIG
CASSEL
GOTHA
WEIMAR
SAXE DUCALE
COBLENTZ
PRUSSE RHÉNANE
MAYENCE
FRANCFORT
DARMSTADT
MANNHEIM
PALATINAT
KARLSRUHE
STRASBOURG
STUTTGARD
ULM
AUGSBURG
MUNICH
LUXEMBOURG
METZ
NANCY
BELFORT
BALE
ZURICH
BOHÊME
AUTRICHE

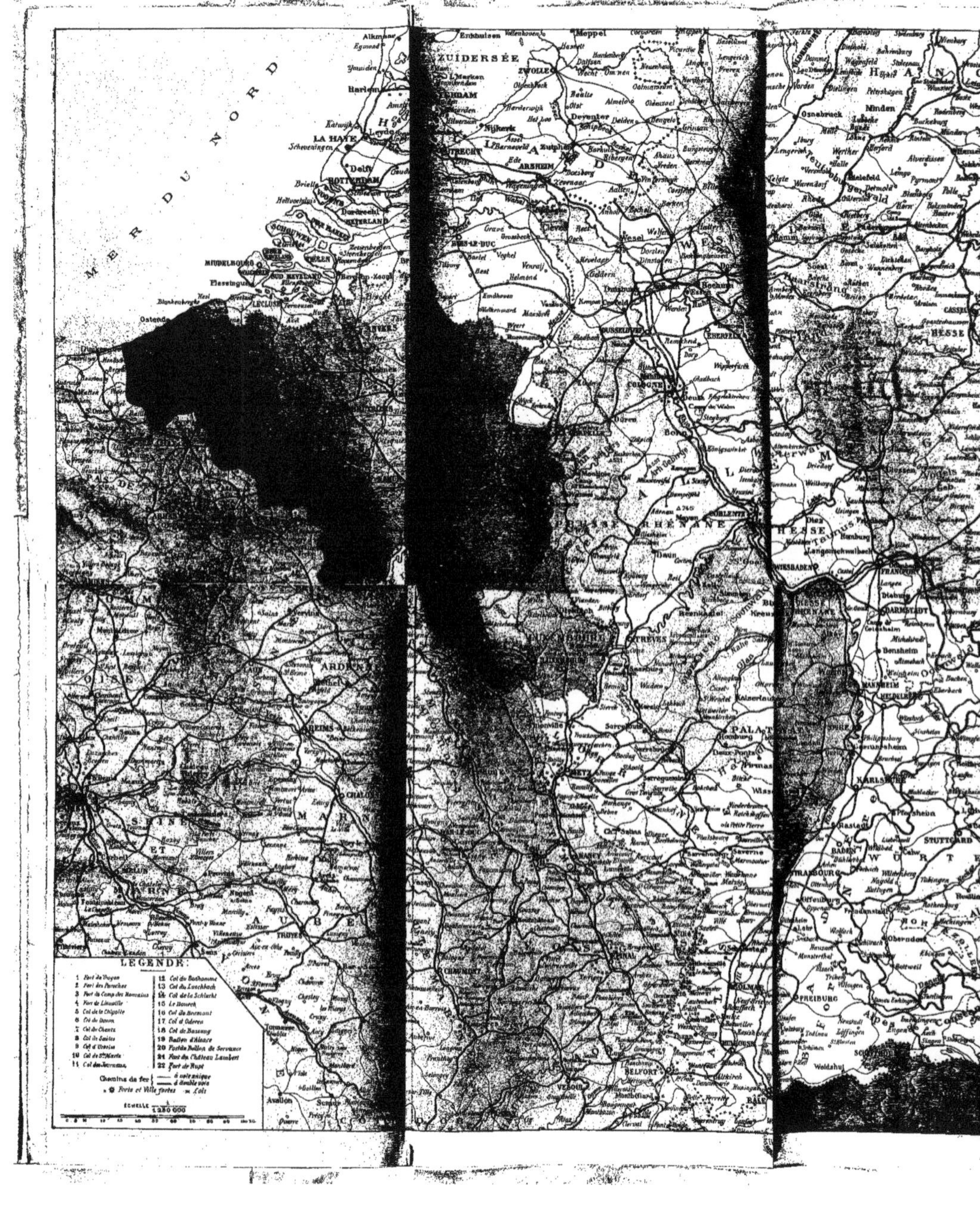

MER DU NORD
ZUIDERSÉE
Meppel
ZWOLLE
Deventer
Zutphen
ARNHEIM
Harlem
LA HAYE
Scheveningen
Delft
ROTTERDAM
Dordrecht
MIDDELBOURG
Flessingue
Ostende
Bois-le-Duc
Helmond
Eindhoven
Wesel
Bochum
DUSSELDORF
COLOGNE
Bonn
COBLENTZ
Osnabruck
Minden
Herford
Bielefeld
Lemgo
Detmold
HESSE
WIESBADEN
FRANCFORT
DARMSTADT
Bensheim
MANNHEIM
HEIDELBERG
Kaiserslautern
Deux-Ponts
Pirmasens
Bitche
Sarreguemines
METZ
NANCY
Saverne
STRASBOURG
Rastadt
KARLSRUHE
STUTTGARD
BADEN
Offenburg
Freudenstadt
Tübingen
FREIBURG
BELFORT
VESOUL
CHAUMONT
Montbéliard
BÂLE
Waldshut
REIMS
CHÂLONS
ARDENNES
OISE
SEINE ET MARNE
MARNE
AUBE
TROYES
MELUN
Fontainebleau
Nemours
Nogent s/Seine
Sens
Avallon
LEGENDE:
1 Fort de Bugen
2 Fort des Paroches
3 Fort du Camp des Romains
4 Fort de Liouville
5 Col de la Chipotte
6 Col du Donon
7 Col du Chentz
8 Col de Saales
9 Col d'Urbeis
10 Col de Ste Marie
11 Col des Journaux
12 Col du Bonhomme
13 Col du Luschbach
14 Col de la Schlucht
15 Le Bouech
16 Col de Bremont
17 Col d'Oderen
18 Col de Bussang
19 Ballon d'Alsace
20 Fort du Ballon de Servance
21 Fort du Château Lambert
22 Fort de Rupt
Chemins de fer à voie unique
à double voie
Forts et Villes fortes
Cols
ECHELLE 1/1 250 000

10 5 4.

Dessins de Urbain GALIN

www.ingramcontent.com/pod-product-compliance
Ingram Content Group UK Ltd.
Pitfield, Milton Keynes, MK11 3LW, UK
UKHW021004200726
13857UKWH00004B/1265

9 782011 927897